この1冊ですべてわかる

情報セキュリティの基本

The Basics of Information Security

島田裕次 ［著］
Shimada Yuji

日本実業出版社

はじめに

　いま、企業をはじめ、中央省庁、地方自治体、大学、各種団体において、サイバー攻撃を受け、情報漏えいやシステム障害などが頻繁に発生しています。また、システムのバグ（不具合）やシステム運用のミスによって、システム処理が停止したり、遅滞したりすることもしばしば発生しており、情報システムのセキュリティを確保することは、企業などにとって喫緊の課題となっています。

　ITを企業などの組織体の目標達成のために活用する仕組みやプロセスを構築することは、ITガバナンスと呼ばれていますが、ITガバナンスを確立するためには、情報セキュリティの確保が不可欠です。企業では、利益目標の達成のために販売管理システムや営業支援システムなど様々な情報システムを利用していますが、これらの情報システムを有効に活用するためには、情報セキュリティを確保しなければなりません。

　このように情報セキュリティの重要性が認識されるようになってきてはいますが、その一方で情報セキュリティについて適切に理解している人は必ずしも多くないように思えます。例えば、情報漏えいだけを情報セキュリティの問題として考えてしまう方がいるのではないでしょうか。本文で詳しく解説しますが、情報セキュリティを確保するためには、機密性、可用性、インテグリティ（完全性）の3つの視点から捉えて対策を講じなければいけません。

　ところで、情報セキュリティという課題は、近年発生したものではなく、情報システムの導入とともに発生しています。近年の情報セキュリティをめぐる問題は、攻撃が高度化し、その被害が深刻化しているところにあります。特に漏えいした個人情報を悪用して、二次被害が発生したり、ある企業のシステム障害が他の企業や顧客に大きな影響を及ぼしたりするようになっています。これは、ITが経済社会に広く深く浸透していることが原因だと言えます。

　本書は、情報セキュリティに関する基本的な事柄について、経営者、管

理者、担当者など幅広い読者を対象にしてわかりやすく解説して、情報セキュリティの入門書として活用していただくことを目的としています。

　第1章では、情報セキュリティの必要性について述べ、情報セキュリティが破られたときに、どのような問題が発生するのかなどを説明します。第2章では、会社を守るために必要となる情報セキュリティの基礎知識を紹介します。また、第3章では、すぐに実施しなければいけない情報セキュリティ対策について解説し、第4章でそれを実践するための対策の立て方や体制づくりを説明します。

　第5章では、情報セキュリティ対策で欠かせないリスク評価とリスク対応の考え方について述べます。情報セキュリティ対策の実践では、経営者や担当者だけでなく一人ひとりの意識が重要になりますが、それについては第6章で解説します。さらに、情報セキュリティ監査を実施する企業などが最近増えている状況を考慮し、第7章では、情報セキュリティ監査にはどのように対応すればよいのかについて解説します。

　本書の執筆にあたっては、日本実業出版社の皆さんから貴重なご助言をいただいています。この場を借りてお礼を申し上げます。本書が、情報セキュリティの向上に貢献できれば幸いです。

2017年3月

島田　裕次

情報セキュリティの基本 ▶目次

はじめに

そもそも情報セキュリティとは何なのか？
―― 情報セキュリティには3つの視点がある

1-1 **なぜ、いま情報セキュリティなのか？** ……………… *12*
サイバー攻撃激増への対応が急務！

1-2 **機密性だけが情報セキュリティではない** ……………… *14*
情報セキュリティの3要素とは何か？

1-3 **情報セキュリティ対策は会社を守るための経営者の責任** …… *19*
いま、サイバー経営が求められている

1-4 **会社が守るべき情報資産と脅威** ……………… *23*
保護対象を決めなければ情報資産を守れない

1-5 **情報漏えいはなぜ起こるのか？** ……………… *28*
外部からの侵入だけが原因ではない

1-6 **ウイルス感染の恐怖** ……………… *31*
ウイルス感染で情報漏えいが拡大する

1-7 **情報セキュリティは何から手をつけるべきか？** ……… *35*
ポリシー、体制の整備から始める

1-8 **一人ひとりの意識改革が不可欠** ……………… *40*
リスク意識をもつことからスタートする

会社をつぶさないための情報セキュリティの基礎知識
――情報セキュリティは健全な会社経営の基礎である

2-1 サイバー攻撃の手口 ……………………………………… 44
　　　まず敵を知ることから始めよう！

2-2 社員のスマホに注意する ………………………………… 48
　　　身近なところにある情報セキュリティリスク

2-3 フィッシング詐欺の手口 ………………………………… 51
　　　サイバー空間でも詐欺が行なわれる

2-4 ウイルス対策ソフトを入れれば万全か？ ……………… 54
　　　ウイルス対策ソフトにも弱点がある

2-5 社員が怪しいサイトを見ていたらどうするか？ …… 57
　　　アクセス状況は会社が監視している

2-6 社員に機密情報という認識が徹底されているか？ … 58
　　　何が機密情報なのか？

2-7 社員の入社・退職のタイミングに要注意！ ………… 60
　　　入社時の教育、退職時のチェックが大切

2-8 不正送金被害対策 ………………………………………… 63
　　　不正送金はどのようにして起こるのか？

2-9 情報セキュリティを万全にすればするほど業務に支障が出てしまうジレンマ … 65
　　　ステップ・バイ・ステップの取り組みがポイント

2-10 入口・出口・内部のサイバーセキュリティ対策 …… 68
　　　三重の対策でサイバー攻撃に対応する

すぐに手をつけるべき、情報セキュリティ対策の実践
——どのような対策をどのように実践すればよいのか？

3-1 **サイバー攻撃にはどう対応する？** ……… *72*
　複層的・複合的な対策で守る

3-2 **暗号技術と電子署名** ……… *76*
　暗号とは何か？

3-3 **ファイアウォール** ……… *78*
　ファイアウォールの役割とは？

3-4 **ウイルス対策** ……… *80*
　ウイルスとは？　その対策は？

3-5 **スパムメール対策** ……… *84*
　スパムメール対策も忘れないようにする

3-6 **バイオメトリクス認証などの認証強化** ……… *86*
　バイオメトリクス認証の利点と弱点

3-7 **災害対策とインシデント対応** ……… *88*
　災害対策も忘れてはならない

3-8 **データの廃棄方法のルール化** ……… *92*
　データ廃棄の間違いを防ぐ

3-9 **マイナンバー制度への対応** ……… *96*
　マイナンバーにはどのようなリスクがあるか？

3-10 **個人情報保護法の遵守** ……… *103*
　個人情報を守ることが情報セキュリティの第一歩

3-11 **新技術を導入するときの注意点** ……… *109*
　新技術には光と影がある

3-12 **クラウド時代のリスク管理に必要なことは？** ……… *115*
　クラウドサービス導入で安心してはならない

第4章 情報セキュリティ対策の立て方・体制のつくり方

—— 情報セキュリティは体制づくりから始める

4-1 社内の意識づけから始める ……………………… *120*
　　　意識の差が情報セキュリティレベルを左右する

4-2 情報セキュリティ対策はプロセスで考える …… *124*
　　　業務プロセスからリスクを捉える

4-3 事業のライフサイクルごとのセキュリティ対策 … *127*
　　　事業の開始から終了までのフェーズごとに対策を考える

4-4 会社にマッチした情報セキュリティ強化体制 … *131*
　　　企業環境や風土を考える

4-5 陥りやすい間違い ………………………………… *135*
　　　自分のことしか考えない対策ではダメ！

4-6 アウトソーシングするときの注意点 …………… *138*
　　　責任はアウトソーシングできない

4-7 システム監査をうまく使う ……………………… *143*
　　　システム監査で幅広く情報セキュリティをチェックする

4-8 情報セキュリティ対策にかけるコストは？ …… *146*
　　　主体的にコスト水準を決める

第5章 リスク評価とリスク対応

—— リスク評価とリスク対応はどのように進めればよいのか？

5-1 守るべき情報資産を洗い出す …………………… *152*
　　　情報資産管理台帳を作成しよう！

5-2 リスクは右脳で考える ……………………… 154
全体像をイメージで把握する

5-3 リスクに対する想像力が重要 ……………… 157
リスク洗い出しのコツは想像力

5-4 リスク評価の方法 ………………………… 159
リスクは発生可能性と影響度で算出する

5-5 脆弱性検査とは何か? …………………… 161
ソフトウェアやシステムの弱い部分を探す

5-6 ペネトレーションテストとは何か? ………… 163
不正侵入に耐えられるシステムか検査する

5-7 幅広い視点からITリスクを捉える ………… 165
ITリスクは様々なリスクと関連する

5-8 リスク対応の定石 ………………………… 167
覚えておきたい予防・発見・回復対策

第6章 一人ひとりの実践がポイント
――みんなで情報セキュリティ対策を実践する

6-1 リスク対策を実施するのは従業員 ………… 172
うっかりミスで情報漏えいが発生

6-2 パソコンの管理 …………………………… 174
なくならないパソコンの盗難・紛失

6-3 書類やデータの管理 ……………………… 176
一枚紛失しても大騒ぎ

6-4 スマホやタブレット端末はどうすればよいか? … 179
もち出し管理が重要

- 6-5 SNSに注意！ ……………………………………… 181
  SNSをめぐる事件が頻発
- 6-6 紛失・盗難に遭ったらすぐ報告 ……………………… 184
  失敗を前提とした対策づくりが重要
- 6-7 ウイルスに感染したらどうすればよいか？ ………… 185
  担当部門への連絡、被害拡大防止がポイント
- 6-8 自宅のパソコンの管理 ………………………………… 187
  自宅のセキュリティ対策も忘れずに！

第7章 情報セキュリティ監査の受け方
――監査社会に対応できるスキルも必要

- 7-1 情報セキュリティ監査はどのように行なわれるのか？ …… 192
  監査の手順を理解すれば上手に監査に対応できる
- 7-2 いろいろある情報セキュリティ監査 ………………… 197
  監査の種類によって監査手法も異なる
- 7-3 間違った情報セキュリティ監査への対応 …………… 199
  監査の目的を理解して監査に対応する
- 7-4 取引先も監査にやってくる …………………………… 201
  業務委託元はどのように監査を行なうのか？
- 7-5 親会社も監査にやってくる …………………………… 204
  親会社の内部監査部門はどのように監査を行なうのか？
- 7-6 監査人の癖を見る ……………………………………… 206
  監査人の癖に応じた対応も重要
- 7-7 「論より証拠」がポイント …………………………… 207
  口で言っても監査人は納得しない

7-8 J-SOXとの関係 ……………………………………………… *209*
J-SOXは財務情報の信頼性、情報セキュリティ監査は
セキュリティの3要素をチェック

7-9 個人情報保護監査との関係 ……………………………… *212*
個人情報を対象とするか、すべての情報を対象とするか？

主要参考文献　　*214*

装丁／志岐デザイン事務所（秋元真菜美）　　本文DTP／一企画

第 1 章

そもそも情報セキュリティとは何なのか？

情報セキュリティには3つの視点がある

1-1 なぜ、いま情報セキュリティなのか？

サイバー攻撃激増への対応が急務！

◆ 情報セキュリティ・インシデントの深刻化

　いま、**情報セキュリティ・インシデント**、つまり情報セキュリティに関係する事故が拡大し、被害がより深刻になっています。例えば、日本年金機構でのコンピュータウイルス感染による大量の年金情報の漏えい事件は、皆さんの記憶に新しいと思います。さらに、大手の教育関連企業における外部委託先のシステム管理者による個人情報の不正取得および他社への売却、旅行会社の子会社で発生した「やり取り型メール」を介した**コンピュータウイルス**感染による個人情報の漏えいなど、例を挙げれば数え切れません。

　また、システム障害により、業務の遅滞・停止といった情報セキュリティ・インシデントも発生しています。例えば、IC乗車券の改札システムのトラブルによって電車の運行に大きな影響を及ぼしたり、航空機の重量管理システムの障害によってフライトのキャンセルや遅延が発生したりしています。さらに、請求書の金額や宛先の出力ミスが発生し、企業の信用失墜や顧客対応コストがかかるなどの問題も発生しています。

　このように、いま情報セキュリティ・インシデントが深刻化しており、それが社会的な問題となっているのです。

◆ なぜ被害が深刻なのか？

　社会がネットワークで結びつき、相互の依存関係が増大したことによって、ある企業でのシステム障害が他社のシステムや業務に大きな影響を及ぼす状況になっていることが、被害を深刻化させている大きな要因になっ

ています。

　また、顧客もスマホ（スマートフォン）やパソコンを介して、ネットショッピングやネット銀行など様々なサービスを利用していることから、システム障害や通信障害が発生するとこれらのサービスが利用できなくなり、日常生活に大きな影響を及ぼします。

　さらに、大学でもITの利用が拡大しており、履修登録、成績登録、出欠確認、入試業務、学納金管理業務など様々な場面でITが用いられているので、システム障害が教育・研究といった大学の業務遂行に大きな影響を及ぼすようになっています。

　以上のように、情報セキュリティ・インシデントが深刻化している原因は、企業活動だけではなく、社会生活や日常生活にITが広く、そして深く入り込んでいるためだと言えます。また、ネットワークの進展によって、企業、行政、個人などが相互に密接に結びついていることも原因になっています。

◆ 情報セキュリティ確保の必要性

　情報セキュリティを確保しなければ、企業や行政の活動、個人生活などを円滑に進めることができません。

　しかし、一般的に情報セキュリティについては、必ずしも十分に認識されているわけではなく、情報セキュリティを誤って狭い意味で捉えている人も少なくありません。

　また、情報セキュリティの確保は、「IT部門に任せておけばよい」というように誤解している人もいます。しかし、それは間違いです。

　情報セキュリティについては、企業などの組織体の役員や従業員、さらに外部委託先を含めてすべての関係者が自分の役割や責任を認識して、適切に対処していく必要があります。

1-2 機密性だけが情報セキュリティではない

情報セキュリティの3要素とは何か？

◆ 情報セキュリティの構成要素

　情報セキュリティと言えば、情報漏えいを連想する方が多いのではないでしょうか。情報漏えいも情報セキュリティの問題の1つですが、これ以外にも様々な問題があります。「情報」と「セキュリティ」に分けて考えてみましょう。**情報とは、情報資産**のことであり、情報そのもののほか、情報システム（ハードウェア、ソフトウェア、ネットワーク）などが含まれます。また、**セキュリティとは、安全**のことです。つまり、情報セキュリティとは、情報や情報システムを安全に利用できる、または利用できる状態にあるということを意味しています。

　それでは、安全とはどのような状態なのでしょうか。安全であるためには、情報漏えいや不正な情報の利用が行なわれないようにしなければなりません。これは、**機密性**と言われています。また、情報は正確でなければいけませんし、情報システムでの処理は正確に行なわれなければいけません。これは、**インテグリティ（完全性）**と呼ばれています。さらに、情報システムを利用したいときにシステム障害が発生してしまうと、利用できなくなってしまうので、安全なシステムとは言えません。これは、**可用性**と呼ばれています。

　つまり、情報セキュリティでは、機密性、インテグリティ、可用性の3つを確保する必要があります（**図表1-1**参照）。情報セキュリティを論じる場合には、機密性を確保することだけを考えていたのでは不十分で、インテグリティや可用性についても考慮しなければならないのです。以下、機密性、インテグリティ、可用性を順に詳しく説明していきます。

■図表1-1　情報セキュリティの3要素

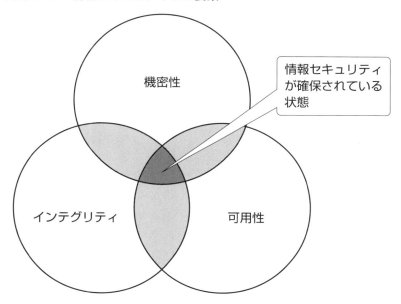

機密性とは？

　機密性（confidentiality）とは、業務上必要のある者だけが必要なときだけに必要な場所だけから必要な情報だけにアクセスできる状態にあることを言います（**図表1-2**参照）。人・時間・場所の視点から情報へのアクセスが保護されているかどうかを考えればわかりやすいと思います。

　機密性が阻害される事例としては、個人情報や機密情報の漏えいが代表的で、不正や過失により個人情報や機密情報が第三者に流出したり、権限のない者によって、情報が見られたり読まれたりしてしまう状態になることです。情報漏えいや情報の不正利用は、**内部犯行**によるものと**外部犯行**によるものに分けられます。

　内部犯行とは、企業の情報セキュリティ管理に不備がある場合に発生するもので、例えば、ある自治体のシステム業務の委託先でアルバイトの大学院生が、乳幼児の健診データを不正にコピーして名簿業者に販売した事

■図表1-2　機密性の要件

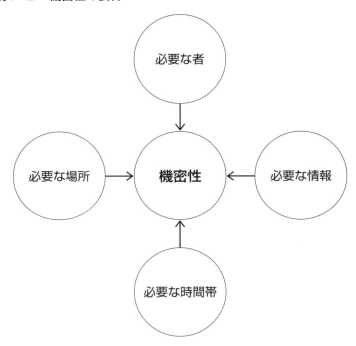

件、教育関連の企業で外部委託先のシステム管理者がスマホを使って情報を窃取して販売した事件、通信会社の販売代理店で顧客情報を窃取した事件など、従来から多数発生しています。

　外部犯行としては、例えば情報システムの不備を突いて外部からある企業や自治体などの組織のシステムに侵入して情報を窃取したり、コンピュータウイルスに感染させて情報を漏えいさせたりすることなどが挙げられます。

　以上のように、故意に機密性を侵害する場合のほかに、過失によって機密性が阻害されるケースもあります。なお、後者の過失のケースとしては、例えば、電子メールを送信する際に、宛先をBCCにして送信すべきところをCCにして送信してしまい、メールアドレスが流出した事例などが挙げられます。

◆ インテグリティとは？

　インテグリティ（integrity）とは、完全性、保全性、正確性、首尾一貫性など様々な日本語に翻訳されます。インテグリティが阻害される事例としては、例えば、請求書の金額に誤りがあった事件や、駅での乗越時の精算金額の設定に誤りがあった事件などがあります。各種の取引を行なう場合に、住所、氏名、金額など取引上の基本的な情報に誤りがあれば、業務を適切に遂行することができないので、情報システムを安全に利用するためには、インテグリティの確保が必須要件になります。

　インテグリティは、情報の正確性が強く求められている企業などの場合にはとても重要です。例えば、金融機関で扱う情報に誤りがあると、企業の信用失墜だけでなく社会不安につながることもあるので、金融機関では、インテグリティを確保するためのコストや手間を他の事業会社に比べて多くかけているわけです。また医療機関の場合でも、電子カルテなどの情報システムに患者の情報を誤って入力してしまうと、患者の生命や身体に重大な影響を及ぼすことになるので、インテグリティを十分に確保する必要があります。このように、インテグリティについて検討する場合、業種や企業によってその重要性が異なることに留意しなければいけません。

　インテグリティを阻害する原因としては、情報システムの不具合（バグ）だけでなく、入力ミスによるものもあります。例えば、スーパーマーケットの商品マスターの登録ミス、POSレジへの入力ミス、文字の変換ミスなど、様々な場面で人為的なミスは発生します。またOCR（光学的文字認識）入力であっても、文字の認識ミスもあるので、二回読み取るなどの対策を講じる必要があります。

　なお、インテグリティは、コンプライアンス部門などでは、「誠実性」と訳されることもあるので、雑学として知っておくとよいでしょう。

◆ 可用性とは？

　可用性（availability）とは、情報システムを利用したいときに利用でき

る状態にあるということです。ビジネスパーソンは、オフィスに出社すると最初にパソコンの電源を入れて、情報システムにログインします。その際、パソコンが立ち上がらなかったり、情報システムにログインできなかったりする場合には、業務を遂行することができずに、大変困った事態に陥ってしまいます。

また昨今は、社外からタブレット端末やスマホなどのモバイル端末を利用したり、海外から情報システムへアクセスしたりすることも少なくありません。この場合にも可用性が確保されなければ、例えば、在庫状況の照会、受注入力、メールでの連絡などができなくなります。

可用性を阻害する原因としては、ソフトウェアの不具合（バグ）、システム運用ミス、ハードウェアの故障、ネットワーク障害、**マルウェア**（悪意のあるソフトウェアや悪質なコードの総称で、コンピュータウイルスやワームなど。本書では「コンピュータウイルス」あるいは「ウイルス」と言う）への感染などが挙げられます。

このように、情報システムが企業活動の重要なインフラとなるのに伴って、可用性の確保がますます重要になってきています（**図表1-3**参照）。

■**図表1-3　可用性と社会的な重要性の関係**

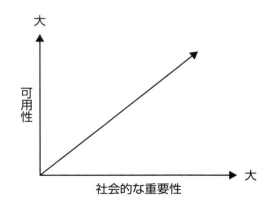

1-3 情報セキュリティ対策は会社を守るための経営者の責任

いま、サイバー経営が求められている

◆ 「サイバーセキュリティ経営ガイドライン」と経営者

　経済産業省および**独立行政法人情報処理推進機構（IPA）**は、2015年12月28日に「**サイバーセキュリティ経営ガイドライン**」を策定し、経営者に対しリーダーシップの発揮を促し、サイバーセキュリティ対策を推進しています。

　これは、近年のサイバー攻撃の増大に伴って、企業活動を進めていくうえでサイバーセキュリティ対策が喫緊の課題となっていることが背景になっています。

　サイバーセキュリティ対策を講じるためには、サイバーセキュリティ体制を整備し、リスク評価に基づいて様々な対策（コントロール）を講じなければなりませんが、そのためにはコスト（**セキュリティ対策コスト**）がかかります。セキュリティコストは、それ自体から価値が生まれない、つまり企業などの利益には直接結びつかないことから、必要な予算を確保できないケースがあります。それは、セキュリティ対策の効果がわかりにくく、費用対効果分析が行ないにくいことも、予算要求が通りにくい一因となっています。

　このように費用対効果がわかりにくい投資やコストについては、最終的には経営者が判断しなければなりません。そのため、経営者のサイバーセキュリティ対策に対する責任を明確にして、わが国のサイバーセキュリティ対策を強化することをねらいとして「サイバーセキュリティ経営ガイドライン」が公表されました。

◆ 「サイバーセキュリティ経営ガイドライン」の3原則

「サイバーセキュリティ経営ガイドライン」(本節において以下、ガイドライン)では、経営者に次の3つの原則を求めています。

(1) 経営者のリーダーシップ

ガイドラインでは、「セキュリティ投資に対するリターンの算出はほぼ不可能であり、セキュリティ投資をしようという話は積極的に上がりにくい。このため、サイバー攻撃のリスクをどの程度受容するのか、セキュリティ投資をどこまでやるのか、経営者がリーダーシップをとって対策を推進しなければ、企業に影響を与えるリスクが見過ごされてしまう」と記述されています。サイバーセキュリティを含めてICT(情報通信技術)について理解している経営者は、必ずしも多くはないのが現状であり、ややもすれば部下任せになりがちなセキュリティ対策について、**経営者の責任**を明らかにしたものと言えます。

(2) 企業グループ全体としてのセキュリティ対策の推進

また、ガイドラインでは、「子会社で発生した問題はもちろんのこと、自社から生産の委託先などの外部に提供した情報がサイバー攻撃により流出してしまうことも大きなリスク要因となる。このため、自社のみならず、系列企業やサプライチェーンのビジネスパートナー等を含めたセキュリティ対策が必要である」とも記述されています。

つまり、グループ経営の視点から見ると、親会社の経営者は、子会社のセキュリティ対策にも責任があるということです。例えば、子会社が適切なセキュリティ対策を講じておらず、ウイルスに感染して情報漏えいが発生すれば、親会社の名前が公表され、親会社の管理責任が問われることになります。

(3) 関係者とのコミュニケーション

さらに、ガイドラインでは、「ステークホルダー(顧客や株主など)の

信頼感を高めるとともに、サイバー攻撃を受けた場合の不信感を抑えるため、平時からのセキュリティ対策に関する情報開示など、関係者との適切なコミュニケーションが必要である」と記載されています。

最近、様々な場面でリスクコミュニケーションが求められていますが、サイバーセキュリティ対策においても、**リスクコミュニケーション**が重要だということです。

◆「サイバーセキュリティ経営ガイドライン」の10項目

ガイドラインでは、**図表1-4**のような10項目が重要だと述べています。最高経営責任者（CEO）は、必ずしも情報セキュリティに知見をもっているわけではありません。そのため、**CISO**（Chief Information Security Officer：**最高情報セキュリティ責任者**）を任命して、情報セキュリティの推進や情報セキュリティ・インシデントへの対応などを統括させることを求めているのです。

CISOは、従来からその重要性が叫ばれてきましたが、近年のサイバー攻撃の激化に伴って、その重要性がますます高まっています。

経営者は、情報セキュリティポリシーを策定し、それに従った情報セキュリティ体制を構築しなければいけません。また、情報セキュリティという観点で言えば、**どういった情報をどのように守るのか**が重要になるので、自社の情報資産を把握し、機密性、可用性、インテグリティの視点から情報資産にどのようなリスクがあり、それがどの程度の大きさかを正しく評価しなければいけません。

そして、評価されたリスクの大きさに応じて対策を効率的かつ効果的に講じる必要があります。やみくもにセキュリティ対策を講じても、効果的でない対策になったり、非効率な対策になったりするので、リスク評価を実施したうえでセキュリティ対策を講じることがポイントです。

■ 図表1-4 「サイバーセキュリティ経営ガイドライン」の10項目

指示1	サイバーセキュリティリスクへの対応について、組織の内外に示すための方針(セキュリティポリシー)を策定すること
指示2	方針に基づく対応策を実装できるよう、経営者とセキュリティ担当者、両者をつなぐ仲介者としてのCISO等からなる適切な管理体制を構築すること。その中で、責任を明確化すること
指示3	経営戦略を踏まえて守るべき資産を特定し、セキュリティリスクを洗い出すとともに、そのリスクへの対処に向けた計画を策定すること
指示4	計画が確実に実施され、改善が図られるよう、PDCAを実施すること。また、対策状況については、CISO等が定期的に経営者に対して報告をするとともに、ステークホルダーからの信頼性を高めるべく適切に開示すること
指示5	系列企業やサプライチェーンのビジネスパートナーを含め、自社同様にPDCAの運用を含むサイバーセキュリティ対策を行わせること
指示6	PDCAの運用を含むサイバーセキュリティ対策の着実な実施に備え、必要な予算の確保や人材育成など資源の確保について検討すること
指示7	ITシステムの運用について、自社の技術力や効率性などの観点から自組織で対応する部分と他組織に委託する部分の適切な切り分けをすること。また、他組織に委託する場合においても、委託先への攻撃を想定したサイバーセキュリティの確保を確認すること
指示8	攻撃側のレベルは常に向上することから、情報共有活動に参加し、最新の状況を自社の対策に反映すること。また、可能な限り、自社への攻撃情報を公的な情報共有活動に提供するなどにより、同様の被害が社会全体に広がることの未然防止に貢献すること
指示9	サイバー攻撃を受けた場合、迅速な初動対応により被害拡大を防ぐため、CSIRT(サイバー攻撃による情報漏えいや障害など、コンピュータセキュリティにかかるインシデントに対処するための組織)の整備や、初動対応マニュアルの策定など緊急時の対応体制を整備すること。また、定期的かつ実践的な演習を実施すること
指示10	サイバー攻撃を受けた場合に備え、被害発覚後の通知先や開示が必要な情報項目の整理をするとともに、組織の内外に対し、経営者がスムーズに必要な説明ができるよう準備しておくこと

出所:経済産業省・独立行政法人情報処理推進機構「サイバーセキュリティ経営ガイドライン」2015年12月28日

1-4 会社が守るべき情報資産と脅威

保護対象を決めなければ情報資産を守れない

◆ 情報資産とは？

　情報資産と言うと、個人情報、研究開発情報、原価情報、ノウハウといった機密情報を思い浮かべる方が多いと思いますが、それだけではありません。パソコンやサーバなどの情報機器、LANなどのネットワーク設備、ＳＥやオペレータなどのIT人材、販売管理システムや会計システムといったソフトウェア資産も情報資産に含まれます（**図表１-５**参照）。

　さらに、情報資産には申込書や契約書などの紙に書かれた情報なども含

■図表１-５　情報資産の体系

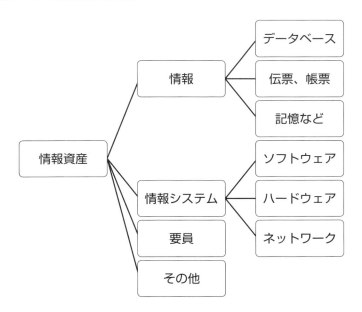

まれる点に注意しなければいけません。

　最近では、会議やミーティングなどでホワイトボードに書かれた情報をスマホで写真に撮ったり、電子黒板を用いてそのまま電子化されたりすることもありますが、これも情報資産です。また、監視カメラの映像記録や、コールセンターでの顧客対応の通話記録なども情報資産に該当します。

　情報資産は、情報セキュリティで保護する対象となるものであることから、情報セキュリティ対策を講じる際には、守るべき情報資産が何かを明らかにすることが前提となります。机の上に書類が山積みされているような場合には、何が重要な情報なのかがよくわかりませんし、書類がなくなってもそれに気づかないかもしれません。したがって、自社にどのような情報資産があるのかを明らかにすることは、情報セキュリティにおいて非常に重要なのです。

◆ 情報資産の把握方法

　企業には様々な情報資産がありますが、それをすべて把握することは大変で、一人では到底できません。また、社内で情報セキュリティに対する意識を高めるという意味でも、全社的な体制が必要となってきます。そして、情報セキュリティ担当部門は、社内の各部門および子会社に対して、それぞれが保有する情報資産の洗い出しを指示することになります。各部門および子会社では、把握した情報資産を**情報資産管理台帳**に記載して一元的に管理できるようにします（**図表1－6**参照）。

　この情報資産管理台帳には、情報資産の名称、物量（データ件数、枚数など）、保管場所、管理責任者、重要度（機密性、可用性、インテグリティの各視点から見た重要度）、作成日（更新日）、保存期間などを記載します。情報資産管理台帳が適切に作成されていれば、何を守ればよいのかが明確になります。

　ただし、情報資産管理台帳は、詳細にすればするほど作成して管理するのに手間がかかることになるので、作業負荷とセキュリティ水準（セキュリティ対策の強さ）のバランスをとりながら作成することがポイントにな

■図表1-6　情報資産管理台帳（例）
○○部

番号	情報資産名称	件数	保管場所	管理責任者	重要度	作成日	保存期間	備考

ります。例えば、契約書1件ごとを情報資産として把握するのではなく、複数の契約書をまとめて「契約書」としたほうが効率的に管理することができます。情報資産管理台帳作成の目的は、企業などが保有する情報資産を明確にすることにあることを忘れないようにしましょう。

情報資産を取り巻くリスク

情報資産の機密性、可用性、インテグリティを阻害するリスクには、例えば、次のようなものがあります。

- 不正アクセス
- 盗難
- 紛失
- 破壊、滅失
- 改ざん
- 入力ミス
- 故障、通信障害

そして、情報資産管理台帳で把握した情報資産について、どのようなリスクがあるのかを検討する必要があります。なぜならば、セキュリティ対策では、リスクの性質に応じて必要な対策を講じなければならないためです。例えば、不正アクセスというリスクに対しては、システムによるアク

セス管理、入退出管理システム、キャビネットへの施錠保管などによる対策を講じることになります。

また、盗難というリスクに対しては、入退出管理システムのほかに、サーバラックの施錠、パソコンのワイヤー固定、監視カメラの設置などの対策を講じることになります。

繰り返しになりますが、適切なセキュリティ対策を講じるためには、情報資産についてどのようなリスクがあるのかを分析することが肝要です。リスクに対するセンスが重要だと言ってもよいかもしれません。情報資産に関するリスクは、建物や工場の火災、作業者の作業場所からの転落、従業員などの交通事故といったリスクに比較すると、眼に見えにくいという特徴があります。そこで、日ごろからどのようなリスクがあるのかを想像力を働かせて認識する能力が必要になってきます。

そのためには、社内だけではなく、他社でどのような情報セキュリティ・インシデントが発生しているのか、その原因は何かということに関心をもつことが大切です。

◆ 情報資産のリスク評価

情報資産およびそのリスクの存在を把握した後は、そのリスクの大きさを評価します。これが**情報資産のリスク評価**です。リスクの大きさは、「影響度×発生可能性」で評価します。

リスクには、顧客に影響を及ぼさない軽微な入力ミスのように、影響度、つまり損失額が小さくても発生する可能性が高いものがあります。一方、地震のように影響度は非常に大きいものの、発生する可能性が小さいリスクもあります。

そこで、影響度と発生可能性の掛け算でリスクの大きさを評価する手法が多く採用されています。

ここで、影響度を金額換算し、発生可能性をパーセントで評価できれば、セキュリティ対策の費用対効果を容易に定量化できるのですが、現実には、そのように簡単に定量化を行なうことは難しいものです。そこで、**図表1−**

■図表1-7　リスク評価のイメージ

	機密性		可用性		インテグリティ	
	影響度	発生可能性	影響度	発生可能性	影響度	発生可能性
申込書	大	中	小	小	大	中
顧客リスト	大	小	大	中	大	中
従業員名簿	中	小	小	小	中	小
以下、省略						

7のように、影響度や発生可能性を3段階から5段階で評価する方法が採用されるのが一般的です（第5章の5-4で詳述します）。**図表1-7**では、紙の書類を例にリスク評価を行なっていますが、従業員名簿よりも顧客リストや申込書のほうが、機密性が阻害された場合の影響度が大きいと評価しています。このように、外部に影響を及ぼすような情報資産については、影響度を高く評価することになります。

情報資産のリスク評価の難しさは、プログラミングミスなどを考えるとわかりやすくなります。プログラミングミスの発生可能性は、過去のシステム開発の経験から数値化することは可能ですが、そのミスの影響度を評価することは容易ではありません。例えば、大口取引の請求金額の計算でプログラミングミスが発生した場合などでは、当月分の請求額全体が正しい金額から大きく乖離してしまうことがあるためです。

1-5 情報漏えいはなぜ起こるのか？

外部からの侵入だけが原因ではない

◆ 情報漏えいの原因

　情報漏えいが発生する原因には、内部と外部の2つに大別できます（**図表1-8参照**）。

　情報漏えいと言えば、外部からの不正アクセスをイメージされる方が多いですが、内部犯行によるものやシステムの運用ミス、管理不備などが原因で発生するものが少なくないことに、注意する必要があります。

■図表1-8　情報漏えいの原因

分類	故意／過失	内容
内部原因	過失	・情報システムの操作ミス ・セキュリティ機能の不備（不正アクセス対策、脆弱性対応不備、認証など） ・情報機器、帳票などの紛失、管理不備 ・外部委託先の管理不備 ・データ廃棄の不備（情報機器、電磁媒体、帳票）
	故意	・従業員などによる内部犯行 ・情報機器、帳票などの盗難
外部原因	故意	・ウイルスへの感染 ・外部からの不正アクセス

◆ 事業内容によって異なる情報漏えい

　情報漏えいの状況は、業種や企業の事業内容などによって異なります。自社がどのような事業を行なっているのかを把握したうえで、情報漏えいを考えることが大切です。例えば、ネット銀行やネットショッピングなどのサービスを事業としている企業では、ウェブサイトのセキュリティ対策が不十分な場合には、外部から不正アクセスが行なわれて、情報が漏えいしてしまうケースがあります。また、本人認証を適切に行なわない場合には、本人になりすましてアクセスされてしまうこともあります。

　一方、工事現場や顧客先に図面や伝票を持参するような事業を行なっている企業では、図面や伝票の紛失などによって外部に情報が漏れてしまうケースがあります。マイナンバーの通知カードを国民に送付したときに、誤送付が発生してマスコミに取り上げられたことも、皆さんの記憶に新しいでしょう。

　したがって、情報漏えい対策を講じるときには、自社の事業内容を踏まえて、どのような情報漏えいが発生する可能性があるのか、つまり、どのようなリスクがあるのかを的確に検討することが大切です。他社の事例をそのまま真似して情報漏えい対策を講じるのではなく、自社の場合はどのようなリスクがあるのかを考えなければいけません。

　また、自社の業務の一部または大半を外部に委託しているケースも少なくありません。このような場合には、委託先も含めて情報漏えいに発展するリスクを分析する必要があります。さらに、企業グループでは子会社の中に親会社とはまったく異なる事業を行なっているケースもあるので、企業グループとしての情報漏えい対策を検討する際には、親会社の視点だけでなく、子会社の事業内容をしっかり把握しなければいけません。

◆ なぜ情報漏えいはなくならないのか？

　情報漏えいをゼロにすることは現実的には不可能です。
　それは、例えば、情報を社外にもち出さなければならない企業の場合に

は、従業員が十分に気をつけていても予測不能な強風で帳票が飛ばされてしまうことなどがあるからです。

　また、情報システムは人間が設計し開発するものなので、ミスをゼロにすることができません。操作ミスが発生しないように気をつけていても、人間だから間違いをなくすことはできないのです。

　そこで、情報漏えいが発生したときの対応を事前に検討し、対策を講じておくことが求められます。情報漏えい発生時の、エスカレーションルール（緊急時対応ルール）の制定、関係部署への連絡、顧客などへの謝罪、マスコミ対応などの対策を事前に講じておき、二次被害の拡大を予防することが重要になります。

1-6 ウイルス感染の恐怖

ウイルス感染で情報漏えいが拡大する

◆ コンピュータウイルスとは？

　独立行政法人情報処理推進機構（IPA）は、コンピュータウイルスについて、プログラムに寄生する極めて小さなプログラムであり、それ自体が勝手に他のプログラムファイルにコピーすることにより増殖し、あらかじめ用意されていた内容からは予期されない動作を起こすことを目的とした特異なプログラム、というように定義しています。

　また、経済産業省「**コンピュータウイルス対策基準**」では、コンピュータウイルスを「第三者のプログラムやデータベースに対して意図的に何らかの被害を及ぼすように作られたプログラムであり、次の機能を1つ以上有するもの」として、自己伝染機能、潜伏機能、発病機能の3つを挙げています（**図表1-9**参照）。

　さらに、IPAは、コンピュータウイルスに感染すると、音楽の演奏、異常なメッセージの表示、画面表示の崩れなどの現象が現れると説明しています。

　コンピュータウイルスは、1990年以前から情報セキュリティ上の問題になっており、「コンピュータウイルス対策基準」が通商産業省告示第139号として、1990年4月に制定されています。

　その後、コンピュータウイルスは、急速に拡大、複雑化しており、ウイルスによる攻撃を仕掛ける側と、防御側との間で攻防が繰り返されています。

■ 図表1-9　経済産業省「コンピュータウイルス対策基準」での
　　　　　コンピュータウイルスの定義

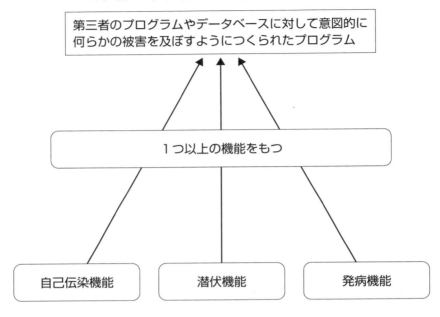

◆ コンピュータウイルスの感染状況

　コンピュータウイルスの感染状況を正確に把握することは難しいのですが、コンピュータウイルスを発見、またはコンピュータウイルスに感染した場合には、IPAに届け出るという制度があります。

　IPAによれば、**図表1-10**に示すように、2016年（2016年1月～2016年12月）は2,442件の届出が行なわれています。**図表1-10**からも、一般の企業などと同様に、教育・研究・公的機関からの届出が多いことがわかります。また、個人からの届出はほとんどありませんが、実際には個人レベルでもコンピュータウイルスが広まっていると想定されます。

■図表1-10　ウイルス対策届出件数の推移（届出者別）

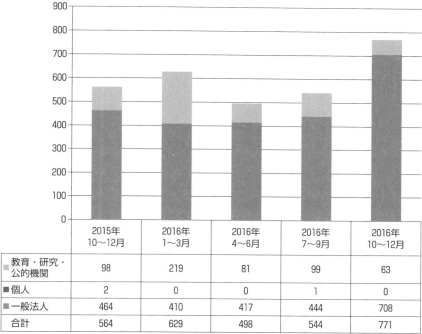

	2015年 10〜12月	2016年 1〜3月	2016年 4〜6月	2016年 7〜9月	2016年 10〜12月
教育・研究・公的機関	98	219	81	99	63
個人	2	0	0	1	0
一般法人	464	410	417	444	708
合計	564	629	498	544	771

出所：独立行政法人情報処理推進機構「コンピュータウイルス・不正アクセスの届出状況および相談状況［2016年第4四半期（10月〜12月）］」2017年1月26日
（https://www.ipa.go.jp/security/txt/2016/q4outline.html）

◆ 愉快犯型ウイルスから金銭要求型ウイルスへ

　コンピュータウイルスに感染すると、例えば、次のような被害が発生します。

- 処理の遅延、中断、停止
- データの破壊
- データの暗号化
- データの外部流出
- 音楽の演奏

- 画面の崩れ
- その他

　当初のコンピュータウイルスでは、感染すると音楽が演奏されてユーザを驚かせるだけの被害にとどまっていましたが、その後、画面が崩れて、そのパソコンに保存されているデータが破壊されるという被害へと変化しました。さらに、Antinnyウイルスなどでは、ファイル交換ソフトをターゲットにして、感染するとパソコンに保存されているデータを外部に漏えいされてしまうという被害へと変化しました。

　近年では、**ランサムウェア**（身代金要求型ウイルス）と呼ばれるウイルスが猛威をふるっています。このウイルスに感染すると、パソコンやサーバ内のデータが暗号化されてしまい、そのデータを複号（復元）するためのキーと引き換えに金銭を要求するという手口が横行しています。カナダのある大学では、ランサムウェアにメールサーバが感染し、業務を進めるためにどうしてもデータの複号が必要となり、身代金を支払った事例もあります。

　このようにコンピュータウイルスは、愉快犯的なものから金銭を要求するタイプへと被害の質が悪質になってきているのです。

1.7 情報セキュリティは何から手をつけるべきか?

ポリシー、体制の整備から始める

◆ 情報セキュリティポリシーの策定

　企業などの組織において、情報セキュリティを推進するためには、まず、**情報セキュリティポリシー**の策定から始める必要があります。わが国で情報セキュリティの重要性が叫ばれたときに、まず始められたのが情報セキュリティポリシーの策定です。1999年ごろに大手企業で情報セキュリティポリシーの策定が相次ぎ、2000年ごろから情報セキュリティポリシーを発効させました。1999年には、財団法人（現在：公益財団法人）金融情報システムセンターが「金融機関等におけるセキュリティポリシー策定のための手引書」を発行したことなどを契機として、金融機関での情報セキュリティポリシーの策定が進みました。

　情報セキュリティポリシーでは、情報セキュリティの目的、セキュリティの範囲、推進体制、規程・マニュアルなどの体系、情報資産、リスク評価、セキュリティ対策の整備・運用、経営者による監視、監査など情報セキュリティに関する基本的事項を定めます。また、PDCAサイクルによる情報セキュリティの維持向上を図ることも定めます。

　情報セキュリティポリシーを制定していない場合には、企業などの組織内で情報セキュリティについて無関心な者、情報セキュリティ対策を実施しない者などがいなくならず、情報セキュリティを維持向上することができません。経営者や管理者、情報セキュリティ担当者が他の従業員に対して電磁媒体や帳票などの管理について指導したときに、「どのような権限があって、そのようなことを言うのか?」などと反論されないようにするためにも、情報セキュリティポリシーの策定が必須です。また、企業グループ全体の情報セキュリティ水準を向上させるためには、グループ共通の

情報セキュリティポリシーが必要になります。

なお、情報セキュリティポリシーに権威をつけるために、取締役会や社長による情報セキュリティポリシーの承認を得なければなりません。

◆ 情報セキュリティ推進体制の整備

情報セキュリティポリシーでは、情報セキュリティ推進体制を定めることになります。例えば、CISO（最高情報セキュリティ責任者）を設置し、情報セキュリティ推進部門を設置するとともに、子会社をはじめとして各部門に情報セキュリティ責任者・担当者を配置するようにします。こうした体制を活用して、情報セキュリティ教育を実施したり、情報機器や媒体の点検を実施したりします。近年、サイバー攻撃が問題になっていますが、サイバー攻撃対策も情報セキュリティの範囲に含まれるので、情報セキュリティ教育には当然のことながらサイバー攻撃に関する事項も含まれることになります。

なお、総務省「地方公共団体における情報セキュリティポリシーに関するガイドライン（平成27年3月版）」では、情報セキュリティポリシーの基本的事項を規定する形式（情報セキュリティ基本方針）を公表しているので、参考までに**図表1-11**に示しておきます。

また、サイバー攻撃が発生した場合に、迅速かつ全社一元的な対応を行なえるように、**CSIRT**（Computer Security Incident Response Team）を設置する企業が増えています。CSIRTとは、コンピュータやネットワーク上で問題が起きていないかどうかを監視するとともに、万が一、問題が発生した場合にその原因解析や影響範囲の調査を行なう組織（チーム）のことで、サイバー攻撃に適切かつ迅速に対応するためには、このCSIRTが不可欠となります。

また、CSIRTは、日ごろからサイバー攻撃に関する情報を収集したり、他の組織体のCSIRTとの連携を図って必要な対策を講じたりする役割を果たすことになります。

■ 図表1-11　情報セキュリティポリシーに関する総務省のガイドライン

情報セキュリティ基本方針

1　目的
　本基本方針は、本市が保有する情報資産の機密性、完全性及び可用性を維持するため、本市が実施する情報セキュリティ対策について基本的な事項を定めることを目的とする。

2　定義
(1)　ネットワーク
　コンピュータ等を相互に接続するための通信網、その構成機器（ハードウェア及びソフトウェア）をいう。
(2)　情報システム
　コンピュータ、ネットワーク及び記録媒体で構成され、情報処理を行う仕組みをいう。
(3)　情報セキュリティ
　情報資産の機密性、完全性及び可用性を維持することをいう。
(4)　情報セキュリティポリシー
　本基本方針及び情報セキュリティ対策基準をいう。
(5)　機密性
　情報にアクセスすることを認められた者だけが、情報にアクセスできる状態を確保することをいう。
(6)　完全性
　情報が破壊、改ざん又は消去されていない状態を確保することをいう。
(7)　可用性
　情報にアクセスすることを認められた者が、必要なときに中断されることなく、情報にアクセスできる状態を確保することをいう。

3　対象とする脅威
　情報資産に対する脅威として、以下の脅威を想定し、情報セキュリティ対策を実施する。
(1)　不正アクセス、ウイルス攻撃、サービス不能攻撃等のサイバー攻撃や部外者の侵入等の意図的な要因による情報資産の漏えい・破壊・改ざん・消去、重要情報の詐取、内部不正等
(2)　情報資産の無断持ち出し、無許可ソフトウェアの使用等の規定違反、設計・開発の不備、プログラム上の欠陥、操作・設定ミス、メンテナンス不備、内部・外部監査機能の不備、外部委託管理の不備、マネジメントの欠陥、機器故障等の非意図的要因による情報資産の漏えい・破壊・消去等

(3) 地震、落雷、火災等の災害によるサービス及び業務の停止等
(4) 大規模・広範囲にわたる疾病による要員不足に伴うシステム運用の機能不全等
(5) 電力供給の途絶、通信の途絶、水道供給の途絶等のインフラの障害からの波及等

4 適用範囲
(1) 行政機関の範囲
本基本方針が適用される行政機関は、内部部局、行政委員会、議会事務局、消防本部及び地方公営企業とする。
(2) 情報資産の範囲
本基本方針が対象とする情報資産は、次のとおりとする。
①ネットワーク、情報システム及びこれらに関する設備、電磁的記録媒体
②ネットワーク及び情報システムで取り扱う情報（これらを印刷した文書を含む。）
③情報システムの仕様書及びネットワーク図等のシステム関連文書

5 職員等の遵守義務
職員、非常勤職員及び臨時職員（以下「職員等」という。）は、情報セキュリティの重要性について共通の認識を持ち、業務の遂行に当たって情報セキュリティポリシー及び情報セキュリティ実施手順を遵守しなければならない。

6 情報セキュリティ対策
上記3の脅威から情報資産を保護するために、以下の情報セキュリティ対策を講じる。
(1) 組織体制
本市の情報資産について、情報セキュリティ対策を推進する全庁的な組織体制を確立する。
(2) 情報資産の分類と管理
本市の保有する情報資産を機密性、完全性及び可用性に応じて分類し、当該分類に基づき情報セキュリティ対策を行う。
(3) 物理的セキュリティ
サーバ等、情報システム室等、通信回線等及び職員等のパソコン等の管理について、物理的な対策を講じる。
(4) 人的セキュリティ
情報セキュリティに関し、職員等が遵守すべき事項を定めるとともに、十分な教育及び啓発を行う等の人的な対策を講じる。

⑸　技術的セキュリティ
　コンピュータ等の管理、アクセス制御、不正プログラム対策、不正アクセス対策等の技術的対策を講じる。
⑹　運用
　情報システムの監視、情報セキュリティポリシーの遵守状況の確認、外部委託を行う際のセキュリティ確保等、情報セキュリティポリシーの運用面の対策を講じるものとする。また、情報資産への侵害が発生した場合等に迅速かつ適切に対応するため、緊急時対応計画を策定する。

7　情報セキュリティ監査及び自己点検の実施
　情報セキュリティポリシーの遵守状況を検証するため、定期的又は必要に応じて情報セキュリティ監査及び自己点検を実施する。

8　情報セキュリティポリシーの見直し
　情報セキュリティ監査及び自己点検の結果、情報セキュリティポリシーの見直しが必要となった場合及び情報セキュリティに関する状況の変化に対応するため新たに対策が必要になった場合には、情報セキュリティポリシーを見直す。

9　情報セキュリティ対策基準の策定
　上記6、7及び8に規定する対策等を実施するために、具体的な遵守事項及び判断基準等を定める情報セキュリティ対策基準を策定する。

10　情報セキュリティ実施手順の策定
　情報セキュリティ対策基準に基づき、情報セキュリティ対策を実施するための具体的な手順を定めた情報セキュリティ実施手順を策定するものとする。
　なお、情報セキュリティ実施手順は、公にすることにより本市の行政運営に重大な支障を及ぼすおそれがあることから非公開とする。

出所：総務省「地方公共団体における情報セキュリティポリシーに関するガイドライン（平成27年3月版）」2015年3月27日 一部改定、pp.18-20

　なお、米国では、サイバーセキュリティ責任者を設置する企業もあります。IoT（Internet of Things：モノのインターネット）といった新しいICTの発展に伴って、サイバー攻撃も複雑化している状況に対応するために、このような新しいポストを設置しているのです。

1-8 一人ひとりの意識改革が不可欠

リスク意識をもつことからスタートする

◆ リスク意識の向上

　情報セキュリティは、火災や交通事故とは異なって、リスクに気づきにくいという特徴があります。情報は漏えいしても、消えてしまうわけではないので、情報が流出したことに気づきにくいのです。

　ファイルを開いたり、情報システムにアクセスしたりするためのパスワードを定期的に変更することは面倒なので、パスワードの使い回しをすることが少なくありません。しかし、パスワードの使い回しをしていると、パスワードが不正アクセスなどによって外部に流出して、簡単に情報システムにアクセスされてしまう可能性があります。例えば、「パスワードリスト攻撃」は、流出したパスワードを用いてサーバなどを攻撃する手法ですが、この攻撃によって大きな被害を受けた事例があります。

◆ 基本の徹底

　情報セキュリティ対策としては、「これだけ行なえば大丈夫」という簡単な対策はありません。なぜなら、攻撃側は様々な種類の新しい攻撃を仕掛けてきますし、情報システムは複雑化し、ユーザは社内外、国内外を問わず広範囲に及んでいるからです。

　また、自分だけがしっかり対策を実施していても、従業員全員が対策を守らなければ情報セキュリティは確保できません。そこで、まずルールをしっかり守り、対策を必ず実施するという基本を従業員に遵守させるように徹底しなければなりません。

　2015年に発生した日本年金機構のウイルス感染による情報漏えい事件で

は、個人情報を共有サーバに保存する際、情報セキュリティ対策として、システム上自動的にパスワードが付与される仕組みになっていましたが、ウイルス感染により流出した個人情報の一部には、パスワード設定もアクセス制限もされていないものがありました。その一方で、定期点検では「個人情報のパスワード設定についてはすべて実施した」という報告もあったようです（日本年金機構調査報告書）。つまり、やるべきことをきちんと実施していなかったこと、対策の実施状況をしっかり確認せずに報告していたことも問題になりました。

情報セキュリティでは、面倒であっても、実施すべきことを確実に実施することが非常に重要です。そのことを常に経営者および従業員が意識して、ルールを守り、セキュリティ対策を実施するように管理・指導していかなければなりません。

◆ 情報セキュリティ・インシデントによる損失の大きさ

情報セキュリティ・インシデントが発生すると、企業などに多大の損失を及ぼすことになります。前述の大手の教育関連企業で発生したシステム管理者による個人情報漏えい事件では、企業の信用が失墜し、多くの顧客が離れてしまい経営に大きな影響を及ぼしています。

このように、企業の信用が失墜すると、その影響は計りしれないほど暗くて大きなものになります。さらに、情報が漏えいした顧客への連絡、謝罪、監督当局やマスコミ対応などの費用も莫大です。

コンプライアンス違反によって倒産や廃業に追い込まれた企業は多く、例えば、食肉偽装を行なった食品メーカーは倒産に追い込まれましたし、燃費を改ざんした自動車メーカーでは、その後自動車販売数が激減してしまいました。

コンプライアンス違反と情報セキュリティ・インシデントの大きな違いは、コンプライアンス違反の場合には、企業などが加害者になるのに対して、情報セキュリティ・インシデントの場合には、企業は被害者と加害者の両方となる点です。被害者となる例としては、外部からの不正アクセス

によって情報が窃取されたり、内部犯行によって情報を窃取されたりするケースが挙げられます。加害者となる例としては、情報システムの操作ミスによって情報が漏えいしたり、強風にあおられて伝票を紛失したりするケースが挙げられます。

　情報セキュリティ・インシデントについても、コンプライアンス違反と同様に経営に大きな影響を及ぼす時代になっていることを従業員は自覚しなければいけませんし、経営者や管理者には従業員を監督・指導することが求められています。

第2章

会社をつぶさないための情報セキュリティの基礎知識

情報セキュリティは健全な会社経営の基礎である

2-1 サイバー攻撃の手口

まず敵を知ることから始めよう！

◆ 攻撃の手順

　サイバー攻撃に対して適切な対策を講じるためには、サイバー攻撃の手口を理解しておかなければなりません。サイバー攻撃は、次のような手順で行なわれます。

---

(1) **攻撃対象のサーバの調査**
　インターネット上に公開されている情報からサーバのIPアドレスを調べる

(2) **ネットワークの調査**
　対象とするサーバで稼働しているサービスやOSを調べる。ネットワークの疎通を確認するために使用されるコマンドであるping（ピング）を使って、ネットワークがつながっているかどうかを調べる（企業側では、これに対応するために、pingに応答しないように設定するセキュリティ対策を講じる必要がある）

(3) **設定ミスやソフトウェアの脆弱性の調査**
　公表されている脆弱性情報を使って、攻撃対象のサーバが抱えている脆弱性を把握する。また、サーバに設定ミスがないかどうかを把握する

(4) **サーバの乗っ取り、侵入**
　脆弱性を突いて、サーバの管理者権限を取得してサーバを乗っ取ったり、システム内部に侵入したりする

◆ OSの脆弱性

　サーバやパソコンのOS（オペレーティングシステム）には、日々**脆弱性**（不備）が発見され、それを改善するための修正プログラムが公開されており、その修正プログラムを適用して脆弱性を改善（パッチ当て）していくことが求められています。サイバー攻撃側は、サーバのOSの不備を突いた攻撃を実施し、防御側（企業など）で対策が講じられていない場合には、そのサーバに侵入し、管理者権限を窃取します。

　企業などの防御側では、脆弱性情報を収集し、サーバやパソコンのOSのパッチ当てを実施して、脆弱性の改善を図るようにしています。脆弱性を改善するためには、サーバやパソコンの管理体制を構築して、パッチ当てを実施できる体制を整備しなければなりません。このような体制を維持していくためには、要員（担当者）や外部委託費などの予算を確保する必要があります。

　企業などが管理するサーバやパソコンの場合には管理が比較的しっかりしていますが、一般の従業員が気をつけなければならないのは、自宅のパソコンです。自宅で利用しているパソコンのOS（例えば、Windows）についてもパッチ当てが必要になります。OSの更新を自動にしておけば、定期的にOSが更新されますが、こうした設定をしていないと古いバージョンのまま利用することになるので、不正アクセスが行なわれるおそれがあります。

◆ DoS攻撃

　DoS（Denial of Service：サービス停止、拒否）**攻撃**とは、ウェブサイトのサービスを妨害し、サービスを停止または遅滞させる攻撃のことです。例えば、電話が集中すると話中になり、電話を受けることができなくなる状態と同じような状態にウェブサイトを陥らせるというのがDoS攻撃です。

　DoS攻撃には、サーバとの間の通信の仕組みを悪用して行なうSYN Flood攻撃や、送信元のIPアドレスを攻撃対象のサーバのIPアドレスに

偽装して、通信上の返信が攻撃対象のサーバのIPアドレスに集中するようにするSmurf攻撃などがあります。

また、DoS攻撃のなかでも、攻撃者が多数のコンピュータを乗っ取り、それらのコンピュータから一斉に特定のネットワークやコンピュータに接続要求を送って機能を停止させる**DDoS**（Distributed Denial of Service）**攻撃**（分散DoS攻撃）が有名です。

> **DDoS攻撃の事例**
>
> 2016年1月〜2月にかけて、厚生労働省、警察庁、財務省、国税庁、羽田空港のホームページにアクセスしにくい状態になった事例があります。これ以外にも、DDoS攻撃の事例が多数発生していることから、企業などにおいては、DDoS攻撃への対応が喫緊の課題になっています。

◆ 標的型メール攻撃

総務省は、**標的型メール攻撃**について「特定の組織を狙って、機密情報や知的財産、アカウント情報（ID、パスワード）などを窃取しようとする攻撃です。この攻撃では、標的の組織がよくやり取りをする形式のメールを送りつけ、そこについている添付ファイルやリンクをクリックさせ実行させ、そこからマルウェア配布サイトに誘導するなどの手口がよく使われています」（総務省ホームページ：http://www.soumu.go.jp/main_sosiki/joho_tsusin/security/glossary/06.html#hi04）と説明しています。

標的型メール攻撃とは、実際に存在する組織・職名などを偽って、攻撃対象の企業などにメールを送信し、そのメールの受信者がメールに添付されたファイルを開いたり、指定されたURLにアクセスしたりすると、ウイルス（マルウェア）に感染するという攻撃です。ウイルスに感染すると、サーバ内のデータが外部に流出してしまいます。

前述の日本年金機構における年金情報の漏えいも標的型メール攻撃によるものでしたが、標的型メール攻撃では、監督官庁や関連機関になりすま

してメールが送付されることから、攻撃を受ける側は対策が非常に困難になります。特に、週明けの月曜日の朝など業務が集中し処理を急いで行なわなければならない時間帯を狙って攻撃されるので、うっかり添付ファイルを開いてしまう可能性が高くなるという、厄介な攻撃です。

> **大学を狙った標的型メール攻撃の事例**
>
> 2015年に発表された国立大学や私立大学で学生や教職員の情報が流出した事件も標的型メール攻撃によるものです。これらのメールでは、健康保険組合などのふりをしてメールを送信し、それを窓口担当者が本物のメールと勘違いして添付ファイルを開いてウイルスに感染してしまい、事後対応に多大なコストや手間を要しました。

2-2 社員のスマホに注意する

身近なところにある情報セキュリティリスク

◆ スマホの盗難、紛失

　スマホ（スマートフォン）を電車の中などに忘れたりする方も少なくないと思います。筆者の知り合いにも電車の中にスマホを忘れて遠い駅の遺失物係まで取りに行った方がいます。このように悪用されずに発見できればよいのですが、忘れたスマホが手元に戻らなかったり、悪用されたりする場合があります。

　スマホの盗難・紛失に遭遇すると、連絡が取れなくなるというだけではなく、情報漏えいという新たなリスクが発生します。こうしたリスクはいわゆるガラケー（携帯電話）でも存在しましたが、スマホの機能が高度になるのに伴って、スマホを介した情報漏えいのリスクが増大しています。

◆ スマホを狙ったウイルス

　いま、スマホは個人やビジネスで必須のツールとなっており、スマホを使用しない人を探すのが難しいくらいです。情報収集やコミュニケーション手段としての利用が拡大するのに伴って、新たなリスクが発生しています。

　例えば、スマホでは、アドレス帳などに個人情報を登録していることから、セキュリティ対策を適切に講じていないと大きな問題が起きることがあります。

　また、スマホに様々なアプリ（アプリケーション）を導入することによって、多様なサービスを利用することができますが、導入したアプリに不正なものがあれば情報漏えいなどの被害につながってしまいます。

例えば、「the Movie」と呼ばれるアプリや、スマホのバッテリーの消費を節約するアプリをインストールして起動させると、スマホの住所録の個人情報が窃取されるといった被害が報告されています。このようなアプリは無料で提供されますが、「タダほど怖いものはない」ということでしょう。
　このようなウイルスの対策を講じるためには、スマホにもウイルス対策ソフトウェアを導入する必要があります。

◆ 写真や映像

　スマホでは、写真や映像を簡単に撮影することができます。スマホで撮影した写真や映像には、個人的なもののほかに業務上のものも含まれるかもしれません。そして、その業務上の写真や映像には、企業秘密や顧客の写真などの情報も含まれることから、その取り扱いには十分に注意する必要があります。
　また、スマホを使えば、写真や映像を簡単に撮影でき、そのまま簡単にSNS（Social Networking Service）などに投稿することができるので、写真や映像の投稿にパソコンとデジカメを使っていた時代に比較すると、写真や映像の漏えいなどのリスクが大幅に増大していると言えるでしょう。

操縦室で撮影した写真を送信した事例

　ある航空会社のパイロットが、飛行中に操縦室からスマホで景色を撮影し、それを部外者にメールで送信した事件があります。パイロットは、職務専念義務違反で懲戒処分を受けたということです。送信相手は、出会い系サイトで知り合った相手で面識はなく、外部からの指摘によって今回の事件が発覚したということです。

◆ 位置情報

スマホでは、**GPS**（Global Positioning System：**全地球測位システム**）を使って位置情報を取得することができます。電車の乗り換え案内アプリやレストランなどの検索アプリを利用するときに、位置情報の取得をオンにしておけば、現在地を入力しなくても自動的にシステムに現在地が設定されますし、写真を撮影すると撮影場所の情報も同時に記録されるようになっています。このように位置情報を活用すれば、スマホのアプリを効率的に利用することができます。

しかし、従業員の位置情報を労務管理などのために利用しようとするときには、従業員のプライバシー確保に十分配慮しなければなりません。位置情報の利用目的を業務上必要な範囲に限定し、それを従業員に周知するとともに、目的外の利用を行なわないような取り組みが必要になります。

◆ BYOD

BYOD（Bring Your Own Device）とは、個人所有のスマホを業務でも利用することです。多くの人が個人でスマホを所有していることから、企業などが業務用にスマホを購入し従業員に貸与しようとすると、従業員は、スマホを2台もたなければならなくなります。そこで、従業員が個人（プライベート）で所有しているスマホを業務でも利用できるようにしようという利用形態がBYODです。

しかし、BYODでは、個人が所有しているスマホの機種やＯＳがそれぞれ異なり、セキュリティ機能も異なることから、企業としてのセキュリティ水準にバラツキが発生してしまうというリスクがあります。また、個人所有のスマホには、アドレス帳に個人の知人・友人の氏名、住所などが登録されているので、そのアドレス帳の管理を企業などが組織として行なうことは難しくなります。

2-3 フィッシング詐欺の手口

サイバー空間でも詐欺が行なわれる

◆ フィッシング詐欺とは？

フィッシング詐欺とは、金融機関などになりすましてメールなどを送信し、そこで指定されたURLにアクセスすると、偽装されたウェブサイトが現れて、そのサイト上で口座番号、パスワードなどを入力すると、それらの情報が窃取され、悪用されるというものです。

警察庁の公表によれば、インターネットバンキング利用者の口座情報を様々なウイルスを用いて盗み取り、利用者の口座から不正送金する手口がさらに悪質・巧妙化することで被害が拡大しています。具体的には、2014年には 1,876 件、約29億1,000万円の被害でしたが、2015年には1,495件、約30億7,300万円の被害となっています。この状況を踏まえて、企業などは、フィッシング詐欺を目的としてメールが送信されてくるというリスクを認識しておく必要があります。

なお、フィッシングメールを含めて、自社の情報機器がサイバー攻撃に悪用されるというリスクがあります。すなわち、自社のサーバの管理が不十分だと、ウイルスに感染して、自社のサーバなどがフィッシング詐欺に悪用されることがあるので、この点についても注意が必要です。

フィッシング詐欺の事例

警察庁では、フィッシング詐欺として、次の事例を公表しています。

「無職の男（34）は、電子掲示板を通じて共犯者を募り、2005年6月から2006年5月にかけて、フィッシング詐欺の手法を用いて、

実在するインターネット・オークション運営会社を装って不特定多数の者に電子メールを送り、同社のウェブサイトに見せ掛けて作成した偽のウェブサイトを閲覧するよう誘導し、これを本物のウェブサイトであると誤信した者に識別符号（ＩＤ、パスワード等）を入力させてこれを不正に取得した上、無職の女（41）らにこの識別符号を使って不正アクセスさせ、他人になりすまして商品を架空に出品させ、落札した者から代金をだまし取った。2006年5月、無職の男ら8人を詐欺罪及び不正アクセス行為の禁止等に関する法律（以下「不正アクセス禁止法」という。）違反（不正アクセス行為）で逮捕した。共犯者である女らは、この詐欺をインターネット上で行うことから、容易に逮捕されることはないだろうと考え、電子掲示板の募集に気軽に申し込んできたものである（京都、静岡、熊本）」

フィッシング詐欺に情報機器が悪用された事例

ある国立大学では、2016年6月に同大学のパソコンがフィッシングメールの送信に利用されていたことを次のとおり公表しています。

「学外の約280万のアドレス向けに、銀行のアドレスを模倣した学内のメールアドレスから海外の銀行のインターネットバンキングのログインＩＤとパスワードを窃取する目的のフィッシングメールが送信されました。不正アクセスの原因としては、端末のパスワードを安易なものに設定していたこと及びアクセス制限が適切に設定されていなかったことでした」

◆ フィッシング詐欺対策

フィッシング詐欺への対応策としては、不審なメールへの対策と、偽装されたウェブサイトにアクセスした場合の防御対策があります。そのため

には、怪しいメールに注意して、安易に指定されたURLにアクセスしない、URLにアクセスする際には、最新のウェブブラウザを使用するように注意する必要があります。また、SSL（暗号技術を利用するインターネットプロトコルの1つ）を使用しているかどうかを確認するのもよいでしょう。

　前述の大学で発生したフィッシング詐欺の事例では、銀行名の後に同大学のアドレスを付けたアドレスになっていましたが、銀行名と異なるメールアドレスが使用されていないかどうかをチェックすれば被害を防ぐことができたのではないでしょうか。

　なお最近では、金融機関から銀行口座の照会を行なう際、セキュリティカードに記載された情報のすべての入力を求めることはないとの注意喚起を促していますが、これもフィッシング詐欺対策の1つです。

2-4 ウイルス対策ソフトを入れれば万全か?

ウイルス対策ソフトにも弱点がある

◆ ウイルス対策ソフトの仕組み

　ウイルスとは、コンピュータの正常な利用を妨げる有害なプログラム（ソフトウェア）の一種で、他のプログラムの一部として組み込まれ、そのプログラムが起動されると不正な活動を行なうものです。ウイルスは、**プログラム感染型**、**ブートセクタ感染型**、**マクロ感染型**に分類されます。プログラム感染型は、ウイルスが組み込まれたプログラムを実行させると、他のプログラムにも感染を広げるタイプのウイルスで、ブートセクタ感染型は、パソコンを立ち上げるときのプログラム部分に感染するタイプのウイルスです。また、マクロ感染型は、ワープロソフトや表計算ソフトなどのマクロ機能に感染するタイプのウイルスです。

　ウイルス対策ソフトとは、不正な動作をするプログラムが組み込まれているかどうかを発見、駆除するソフトウェアのことです。ウイルスに感染したかどうかは、不正なプログラムのパターンを登録した**ウイルスパターンファイル**と検査対象のプログラムとをマッチング（照合）させて確かめます。

　したがって、ウイルスパターンファイルは、ウイルス対策ソフトを有効に機能させるために非常に重要です。

◆ ウイルスパターンファイル更新の重要性

　ウイルス対策ソフトを有効に機能させるためには、ウイルスパターンファイルを常に最新のものにしておく必要があります。そのためには、ウイルスパターンファイルの更新を自動設定にしておくことが効果的です。も

もちろん、ウイルス対策ソフトの機能を最新にするためにウイルス対策ソフトそのものを更新することも忘れてはいけません。

　情報セキュリティがしっかりしている企業などでは、ウイルス対策ソフトを一元的に管理して、常に最新のバージョンになるようにするとともに、ウイルスパターンファイルも最新のものにするように管理しています。

　また実務上、注意しなければならないことは、自動更新をする対象になっていない状態のパソコンなどが存在していないかどうかを点検することです。例えば、ネットワークに接続していないパソコン（スタンドアロンで利用しているもの）がないか、予備のパソコンがないかどうかをチェックする必要があります。これらのパソコンのウイルス対策ソフトやウイルスパターンファイルは通常、最新バージョンになっていないからです。

◆ ゼロデイ攻撃のリスク

　ウイルスパターンファイルは、新種のコンピュータウイルスが発見されるとその特徴を新たに取り込み最新の状態に更新されます。新しいウイルスが発見され、その検体がウイルス対策ソフトベンダにもち込まれて分析されて、パターンファイルが最新のものに修正されるまでには、ある程度の時間を要します。この修正対応に要する時間のギャップを突いて、攻撃側は攻撃を行ないます。これが**ゼロデイ攻撃**と言われるものです。

　つまり、ウイルス対策ソフトを最新バージョンにして、パターンファイルを最新のものにしていても、ウイルスを完全に防ぐことはできないということです。したがって、ウイルス対策ソフトを導入していれば安心だと考えてはいけません。

◆ ゼロデイ攻撃への対応方法

　ゼロデイ攻撃によってパソコンなどに入り込むウイルスを発見するための対策の1つとして、パソコンなどの定期的な**スキャン**（検査）を行なうことが挙げられます。多くの企業などでは、毎週一定の日にスキャンする

ように設定したり、パソコンを毎朝立ち上げるときにスキャンしたりしています。

パソコンにウイルスが入り込んでも、活動を始めるまでに発見できれば大きな問題には発展しません。したがって、ゼロデイ攻撃に対抗するためには、**定期的なフルスキャン**（パソコンのハードディスク全体のスキャン）を行なう必要があるのです（**図表２-１参照**）。

■**図表２-１　ゼロデイ攻撃への対応**

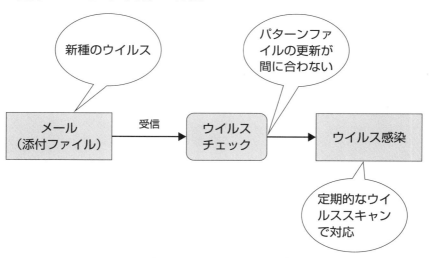

2-5 社員が怪しいサイトを見ていたらどうするか?

アクセス状況は会社が監視している

◆ 怪しいウェブサイトへのアクセスで何が起こるか?

　情報セキュリティ上の怪しいウェブサイトとは、前述のようなウイルスに感染するサイトや、銀行などのウェブサイトを偽装したサイト(フィッシングサイト)のことです。ウイルスに感染するウェブサイトにアクセスしてしまうと、社内でウイルスの感染が拡大し、その駆除に手間やコストがかかってしまいます。

　また、銀行などの偽装ウェブサイトにアクセスし、口座番号やパスワードなどを入力してしまうと、これらの情報が窃取され、不正に自己の口座から他の口座に振り込みが行なわれたりしてしまいます。

◆ サイトへのアクセスは監視されている

　このようなことを防ぐために、企業などでは、セキュリティ対策ツールを導入して、社員のウェブサイトへの**アクセスログ**を取得し、業務上利用しないウェブサイトへのアクセスを拒否する**フィルタリング機能**を使っています。また、ウェブサイトへのアクセスログが残されており、問題発生時にはトレースできるようにしています。

　誰がいつ、どのウェブサイトにアクセスしているのかを把握できるので、業務時間中の業務に関係のないサイトへのアクセスがわかってしまいます。したがって、そのような企業などの社員は、サイトへのアクセスは監視されていると認識しておく必要があります。

2-6 社員に機密情報という認識が徹底されているか?

何が機密情報なのか?

◆ 情報の分類

　情報は、一般に公開されている**公開情報**、**社外秘の情報**、**機密情報**に分類できます。公開情報は、社外に公表することを目的としたものであり、例えば企業案内、商品カタログ、決算情報などの情報です。簡単に言えば、ホームページなどで公表されている情報です。

　これに対して、社外秘の情報は、従業員向けの情報であり、社内規程や業務マニュアルのような情報です。イントラネットで社内だけに公表されている情報と考えるとわかりやすいでしょう。

　機密情報は、社内の特定部署だけが知ることができる情報であり、商品の原価情報、決算発表前の決算情報、研究開発情報、人事情報などが挙げられます。また機密情報は、それぞれ機密レベルが異なり、役員や人事部門しか知ることができない情報などは**極秘情報**とも呼ばれています。

　情報の機密度は、機密レベル1、機密レベル2…と指定されたり、機密レベルA、機密レベルB…のように指定されたりします。指定の方法は企業によって異なります。

　情報は、このように機密性で分類されることが多いのですが、情報の滅失が発生してはならないという情報の「可用性」の視点から分類されたり、情報の正確性という「インテグリティ」の視点から分類されたりします。

　情報の分類を適切に行なわないと、セキュリティ対策をどこまで行なうのかがわかりにくくなります。また、機密度を分けずに機密性のある情報をすべて機密情報としてしまうと、管理の手間が煩雑になり、現実的に管理ができなくなり、結局きちんと管理されないということにもなりかねません。したがって、情報の分類は情報セキュリティの第一歩と言えます。

何が機密か判断できるか？

通常、経験豊富なベテランの社員であれば、自分の担当業務のうち何が重要なのかを理解しています。しかし、経験の浅い社員の場合には、何が重要な情報なのかを理解しているとは限りません。エレベータ内での雑談で重要な情報を社内外の第三者に聞かれたり、社外の飲食店での雑談で重要な情報を話して第三者に聞かれてしまったりすることがあります。

そのため、管理者は、部下に対して機密情報の取り扱いについて適切に監督・指導しなければなりません。機密情報としては、次のようなものがあります。

- 顧客情報
- 研究開発情報
- 原価情報
- 経営戦略、販売戦略、IT戦略等に関する情報
- 従業員の個人情報

日ごろの行動をチェック

機密情報を含めて情報の管理に関する意識の高低は、従業員の行動をチェックすればわかります。机の上下や周囲に書類が無造作に置かれていないか、きちんとファイリングしているか、机の引き出しやキャビネットは施錠しているかなど、日ごろの行動を見れば、情報の管理に関して意識している人かどうかがわかります。

また、オフィスの複合機にFAX送信済みの原稿やコピーの原稿が残っていないかなどをチェックするのもよいでしょう。

管理者や情報セキュリティ担当者によるチェックだけではなく、従業員同士がお互いにチェックし合ってケアレスミスをなくすようにすることが情報セキュリティ強化の基本です。

2-7 社員の入社・退職のタイミングに要注意!

入社時の教育、退職時のチェックが大切

◆ 入社時のチェック

　社員、パート、アルバイトを採用する際、社員などとして適切な人材かどうかをチェックします。特に正規社員の募集時には、書類審査、能力試験、適性試験、面接など様々な方法で選考が行なわれます。また、パートやアルバイトであっても、選考の厳しさは社員とは異なるかもしれませんが、企業などにとって安心できる人材かどうかをチェックするべきです。

　社員などの採用時には、情報管理に関する認識状況についてもチェックするのがよいでしょう。そのチェック時には、例えば、個人情報保護教育や情報セキュリティ教育で使っているeラーニングや質問票を活用したり、面接時に個人情報や情報セキュリティに対する考え方などを直接質問したりします。

◆ 入社時の契約など

　社員などの入社時には、社員との間で雇用契約が締結され、就業規則の遵守が求められます。一般的に就業規則では、必ずしも情報管理について具体的に定められているわけではなく、また情報管理以外の多くの事項が就業規則で定められているので、社員が情報管理の重要性を明確に認識できない可能性があります。そこで、雇用契約書とは別に情報管理に関する文書を作成して、それに署名させる方法が有効です。

　現に、このように社員に対して情報管理に関する文書に署名させる企業などが増えています。この情報管理に関する文書への署名は、入社時だけでなく毎年実施する企業なども少なくありません。なお、文書ではなく、

イントラネットを利用して、「情報管理を適切に実施する」というチェックボックスにチェックさせる方法を採用している企業などもあります。

◆ 退職時のチェック

定年退職ではなく、中途退職の場合には、機密情報がもち出されないかどうかをチェックする必要があります。その手段として、例えば、顧客情報システムに疑わしいアクセスが行なわれていないかどうか、従業員のプライバシーに配慮しつつ、アクセスログをチェックするなどが考えられます。

また、退職までの間、事務所内で夜遅くまで一人で作業をしたり、休日出勤をして作業が行なわれたりしていないかどうかにも気を配る必要があります。それは、社内情報をコピーしているかもしれないからです。もちろん、残務整理のために必要な業務を行なっているとも考えられますので、その点を十分に配慮して業務内容をチェックすることが大切です。

懲戒解雇あるいはそれに準ずる退職の場合には、当人の会社に対する反発も考えられますので、直ちにアクセス権を削除したり、室内に立ち入りができないような取り扱いにしたりする必要があります。

なお、保護しなければならない情報は、サーバやパソコン上のデータだけではなく、書類や名刺なども対象になることを忘れてはなりません。

◆ パート、アルバイトにも注意

繰り返しになりますが、パート、アルバイト、派遣社員の採用にも注意が必要です。採用時には、正社員と同様に情報セキュリティ教育をもれなく実施して、守るべきことを明確に伝える必要があります。伝票や書類の取り扱い、情報の取り扱い、パソコンの取り扱いなど、情報セキュリティポリシーや規程などで定められたことを遵守するように指導することが大切です。

また、スマホの扱い方やSNSの利用に際して、業務に関係する情報を

SNSにアップしてはならないことを注意しておく必要もあります。
　パートやアルバイトは、流動性が高いこと、情報セキュリティ意識にバラツキがあることなどから、「やっていいこと」と「やってはいけないこと」を採用時に明確に伝えて、それを遵守するように監督・指導しなければなりません。

従業員が写真をネットに投稿して営業停止に追い込まれた事例

　ある飲食店の従業員が店内の冷蔵庫に入った写真をネットに投稿した結果、その店が営業停止に追い込まれた事例があります。なお、この事例では、顧客の要望で営業を再開することになりましたが、写真を投稿した従業員は懲戒処分になりました。

2-8 不正送金被害対策

不正送金はどのようにして起こるのか？

◆ 不正送金とは？

　不正送金とは、銀行口座から不正に他者の口座に送金されることで、インターネットバンキングの普及に伴って不正送金の被害が拡大しています。インターネットバンキングでは、口座振替が簡単にできますので、口座番号の管理やログインIDやパスワード情報が第三者の手にわたって、その第三者の悪用により不正送金が行なわれるケースが散見されます。

◆ 不正送金の発生状況

　警察庁の発表（国家公安委員会、総務大臣、経済産業大臣「不正アクセス行為の発生状況及びアクセス制御機能に関する技術の研究開発の状況」2016年3月24日）によれば、2015年の不正アクセス件数は2,051件であり、そのうち1,531件（74.6%）がインターネットバンキングでの不正送金でした（https://www.npa.go.jp/cyber/pdf/h280324_access.pdf）。

　インターネットバンキングでの不正送金件数も、2011年188件、2012年95件、2013年1,325件、2014年1,944件と、2013年以降、件数が大幅に増えています。

　独立行政法人情報処理推進機構（IPA）の「情報セキュリティ10大脅威2016」によれば、インターネットバンキングやクレジットカード情報の不正利用が、総合でも個人の部でも順位が共に1位になっています（組織の部では第8位となっています）。

◆ 不正送金の原因と対策

　不正送金の多くは、ウイルス感染によって発生しています。警察庁もインターネットバンキングにおける不正送金の原因の大半を、不正プログラムの感染によるものと推定しています。

　前の2-3でも述べたように、不正プログラム、つまりウイルスを組み込んだフィッシングサイトにアクセスさせたり、ウイルスをメールで送りつけたりして、それに感染させてユーザIDやパスワードなどの情報を窃取して、不正送金に悪用するという手口が多用されています。

　不正送金への対策としては、フィッシング対策協議会ガイドライン策定ワーキンググループの「インターネットバンキングの不正送金被害にあわないためのガイドライン」を参照するとよいでしょう。同ガイドラインでは、「第二認証情報（乱数表・ワンタイムパスワードなど）の入力は慎重に！」（第一の鉄則）、「インターネット利用機器を最新の状態に保とう！」（第二の鉄則）という2つの鉄則を提示しています。

　ここで、第二認証については、ネット銀行のログインのページで、「すべての暗証情報を求めることはありません」というような警告文を掲示していることに気づいた方も少なくないでしょう。これは、同ガイドラインの第一の鉄則に従った対策です。

　また、不正送金に限りませんが、パソコンなどの情報機器を最新の状態（ウイルス対策ソフトを最新バージョンにしたり、ウイルスパターンファイルを最新のものに更新したりした状態）に保つことは、ウイルス感染の防止などのために重要です。

2-9 情報セキュリティを万全にすればするほど業務に支障が出てしまうジレンマ

ステップ・バイ・ステップの取り組みがポイント

◆ 面倒な情報セキュリティ対策

　昨今のインターネットバンキングでは、顧客が管理すべき暗証情報が増えているとともに、**ワンタイムパスワード**（一度限り、あるいは短時間限定の有効なパスワード）がよく用いられています。これは、不正送金などのリスクを低減するためのセキュリティ対策です。被害を防止するためには、本人確認を二重三重にしたり、乱数表やワンタイムパスワードカードを用意したりして、何度も入力作業を繰り返さなければなりません。そのため、業務で頻繁にインターネットバンキングにログインしなければならないときには、作業が煩雑になってしまいます。

　このように十分なセキュリティを確保するために、様々な対策を講じてセキュリティ水準を高めようとすればするほど、手間やコストがかかってしまうというジレンマに陥る現実があります（次ページの**図表2-2**参照）。

◆ ステップ・バイ・ステップでセキュリティを強化

　企業などの組織において、いきなり高いセキュリティ水準を要求すると、従業員が面倒になりセキュリティ対策を遵守しなくなってしまうことがあります。このような場合には、**ステップ・バイ・ステップでセキュリティ水準を高めていく**とよいでしょう。

　セキュリティ水準は、一般の業務部門とIT部門とで異なるのが普通です。なぜなら、それぞれの部門ごとに業務内容が異なるためです。したがって、一般の事業部門にIT部門と同様のセキュリティ水準を求める必要はありません。また、一般の事業部門に必要以上に高度のセキュリティ対策を求

■図表2-2　セキュリティ対策のジレンマ

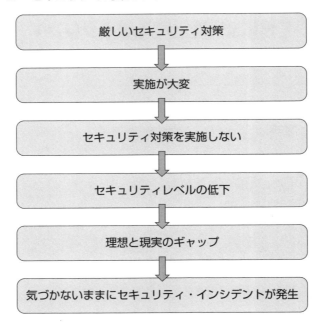

めないような取り組みも重要です。

◆ 自動化でセキュリティを強化

　セキュリティ対策を意識して行なわなくても済む方法としては、**セキュリティ対策を自動化**することが考えられます。セキュリティ対策の自動化としては、例えば、次のようなものが挙げられます。

- パスワードをシステムで強制的に変更する
- パスワードの桁数、使用する文字をシステムで設定し、不適切なパスワードを利用させない
- 入退管理をシステム化する
- 監視カメラを設置する

- 共有サーバを自動で暗号化する
- メールの添付ファイルを自動で暗号化する

◆ セキュリティ対策の費用対効果

　セキュリティ対策を講じる場合、その費用対効果を事前に検討する必要があります。セキュリティ対策のために導入する機器、設備、システム、サービスなどには様々なものがありますが、自社のニーズや環境を踏まえて、どこまでの対策を講じる必要があるのか、セキュリティ対策の構築によって、どの程度セキュリティ水準が向上するのか、業務に及ぼす影響（コスト）はどの程度あるのか、機器設置やソフトの設定などの一時費用、管理費や保守費などの運用費がどの程度かかるのか、といったことを十分に検討しなければなりません。

　また、一度にすべてのセキュリティ対策を講じることは難しいので、今年は何を行ない、来年は何を行なうのかというように**時間軸をもってセキュリティ対策を検討**すべきです。セキュリティ対策の中長期計画を策定すれば、経営資源を効果的かつ効率的に投入することができます。

　なお、どの程度のセキュリティ対策コストをかけるべきかについては、経営者が最終的な判断を下さなければなりません。そのため、経営者は、セキュリティ対策に関する責任を自分が負っていることを忘れてはいけないのです。

2-10 入口・出口・内部のサイバーセキュリティ対策

三重の対策でサイバー攻撃に対応する

◆ サイバーセキュリティ対策の構成

昨今のサイバー攻撃は巧妙化しているので、それに伴い、セキュリティ対策も高度化しています。以前は、セキュリティ対策と言えばファイアウォールの設置やウイルス対策ソフトの導入というように、攻撃を水際で防ぐ対策が中心でした。

しかし、いまでは、サイバー攻撃を入口で防ぐ**入口対策**、それを突破されたときに企業など組織の内部でウイルスなどの活動を発見して防ぐ**内部対策**、さらにそれも突破された場合に、外部に情報をもち出そうとするのを防ぐ**出口対策**という3つの構成でセキュリティ対策を構築するのが一般的になってきています（**図表2-3**参照）。

◆ 入口対策

入口対策とは、ウェブサーバのOSの不備を突いたり、ウェブアプリケーションの脆弱性を突いたりして、システムの内部に侵入しようとする攻

■図表2-3　サイバーセキュリティ対策のフレームワーク

撃を防ぐための対策です。入口対策の代表的な例としては、OSを最新バージョンに更新したり、**パッチ当て**（OSの不備を修正するプログラムの適用）を行なったり、クロスサイトスクリプティングやSQLインジェクションなどの攻撃を排除するようなウェブアプリケーションを構築したりするなどの対策が挙げられます。

また、外部からの攻撃を検知する**IDS**（Intrusion Detection System：**侵入検知システム**）や、外部からの攻撃を検知し攻撃を遮断する**IPS**（Intrusion Prevention System：**侵入防止システム**）と呼ばれるシステムを導入して、外部からの攻撃を自社の情報システムの入口で防いだり、ウイルスの侵入を防止するためにウイルス対策ソフトを導入して、ウイルス感染を防いだりする対策なども入口対策に該当します。

◆ 出口対策

出口対策とは、ウイルスに感染し、サーバなどに保存された情報を外部のサーバにコピーしようとする通信を検知して、それを遮断する対策です。不正な外部への通信かどうかを判定する仕組みとしては、**ブラックリスト方式**と**ホワイトリスト方式**があります。

ブラックリスト方式とは、不正なサーバを登録しておき、通信先のサーバが不正なサーバと一致する場合に通信を遮断する方法です。また、ホワイトリスト方式とは、登録された外部のサーバ以外のサーバと通信を行なおうとしたときにその通信を遮断する方式です。

ブラックリスト方式でもホワイトリスト方式でもリストの更新に手間がかかりますが、特にブラックリスト方式の場合には、不正なサーバに関する情報を適時に入手して更新する必要があります。一方、ホワイトリスト方式は、セキュリティレベルが高いものの、運用が煩雑になるというデメリットがあります。また、ホワイトリスト方式の場合には、新しく通信を行なうことになった外部サーバを適時に登録しないと、業務に支障をきたすおそれがあります。

◆ 内部対策

　内部対策とは、感染（侵入）したウイルスが活動を開始する動き（振舞い）を検知して、そのウイルスの活動を強制的に停止させるシステムを導入する対策のことです。

　独立行政法人情報処理推進機構（IPA）も、「攻撃者はシステム内部を広範囲にわたり侵入（システム内部でのハッキング）することから、対策の検討範囲は、個々の端末やサーバ自体ではなく、情報システム全体となります。従来、システム設計は攻撃の初期侵入を防止（入口対策）することを前提として行なわれていました。高度標的型攻撃はこれを突破して内部に侵入し攻撃を拡大するため、対策の考え方も、内部への侵入を前提としたうえで、『侵害拡大防止』および『監視強化』を目的としたシステム設計手法に変更（内部対策）していく必要があります」と説明しています（IPA「『高度標的型攻撃』対策に向けたシステム設計ガイド」2014年9月、p.20）。

　すなわち、IPAは企業内のシステム全体を対象としたセキュリティ対策の必要性と、侵入拡大防止、監視の必要性を訴えているのです。

◆ システム設計時がポイント

　以上のような3つの対策は、情報システムに対して後から機能を追加するよりも設計段階で機能を組み込むほうが有利です。なぜなら、事前にセキュリティ機能を検討し、情報システムに組み込めば、情報システム全体としてバランスのとれたセキュリティ対策を構築できるとともに、事後的にセキュリティ対策を講じるよりも、コストや労力の面でも効率的にセキュリティ対策を講じることが可能になるためです。

第3章

すぐに手をつけるべき、情報セキュリティ対策の実践

どのような対策をどのように実践すればよいのか?

3-1 サイバー攻撃にはどう対応する?

複層的・複合的な対策で守る

◆ 複層的・複合的な対策の必要性

　サイバー攻撃対策では、「この対策を行なえばよい」というような単純な対応はできません。そこで、前章で説明したように、入口対策、出口対策、内部対策という三重の対策を講じる必要があります。

　そして、サイバー攻撃に対するセキュリティ対策としては、**図表3-1**に示すように、ウイルス対策ソフトの導入といった**技術的対策**に加えて、例えば標的型メールが届いても、添付ファイルを開けないように教育や訓練を徹底するなど、**人的対策**と呼ばれるような対策も必要です。また、不正アクセスやウイルスへの感染が発生した場合には、被害の拡大を最小限に抑えるための対応ができるように連絡・連携体制を整備するというような**組織的対策**も必要です。つまり、技術的対策、人的対策、組織的対策を**複層的**に講じる必要があるのです。

　加えて、ファイアウォールとして、異なる機器を二重に組み合わせる対策を考えるのが望ましいでしょう。さらに、セキュリティ機器にはそれぞれ長所と短所があるので、弱点を補完するために同じ目的の機器やソフトウェアを二重に設置してセキュリティレベルを高めるなども有効です。このような対策は、**複合的対策**と呼ばれています。

　すなわち、サイバー攻撃へのセキュリティ対策を図式化すれば、**図表3-2**のように、複層的対策と複合的対策を組み合わせて構成されることになります。

■ 図表3-1　サイバー攻撃に対するセキュリティ対策の分類

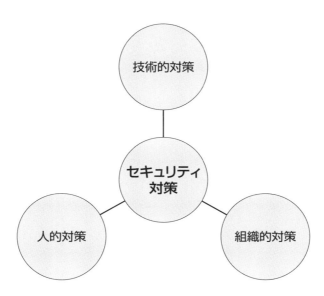

■ 図表3-2　複層的対策と複合的対策

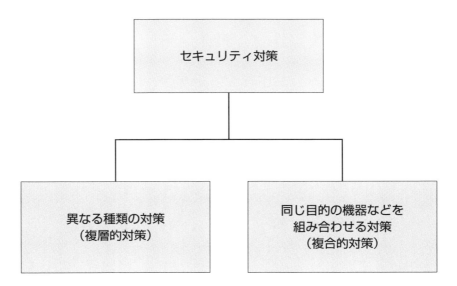

◆ 技術的対策

　技術的対策は、論理的対策とも呼ばれますが、セキュリティ機器やセキュリティソフトウェアを利用した対策と言えます。セキュリティ機器やソフトウェアには様々な種類があり、また新しい機器やソフトウェアがベンダから随時提供されているので、セキュリティ機器やソフトウェアに関する情報をまめに収集することが大切です。

　技術的対策としては、前述の入口対策、出口対策、内部対策に関係する機器やソフトウェアを適切に導入する必要があります。

◆ 組織的対策

　サイバーセキュリティ対策を有効に講じるためには、その対策の推進体制を整備しなければなりません。具体的には、社内に情報セキュリティ担当者や担当部門（部署）を設置し、情報セキュリティポリシーを策定し、**全社的（子会社を含む）な連絡・連携体制**を整備します。

　情報セキュリティ担当者は、他の従業員に対して情報セキュリティに関する教育を実施し、サイバー攻撃に関する最新の情報を提供するとともに、情報セキュリティ・インシデントが発生したときにどのような報告や対応を行なうのかについてルール化しておく必要があります。

　サイバー攻撃に対しては、その対応に**即時性**が要求されます。そこで**CSIRT**（Computer Security Incident Response Team：コンピュータセキュリティに関係するインシデントに対処するための組織）を設置することが一般的になっています。

　CSIRTでは、日ごろからサイバー攻撃の動向を把握することになりますが、社内に関する状況を把握するだけではなく、社外の情報をも収集するようにしなければなりません。それは、他社で発生したインシデントは自社でも発生する可能性が高いためです。

人的対策

　標的型メールに対応するためには、ウイルス対策を講じるだけでは不十分で、従業員に対して、電子メールの添付ファイルを安易に開かないように教育することも必要です。標的型メールでは、監督官庁や取引先などになりすまして送信されることがあるので、標的型メールかどうかを判断する注意点を、従業員に教育する必要があります。

　また、標的型メール攻撃への対応については注意事項を知らせるだけでは不十分だと捉え、攻撃への対応訓練を実施する企業も少なくありません。例えば、実際に怪しいメールを事前に告知することなく従業員に送信し、開封する従業員がいなくなるようにする試みです。こうした訓練を実施するサービスを提供するセキュリティ企業もありますので、このようなサービスを活用するのもよいでしょう。

> **Column　電話で確認する時代が再来？**
>
> 　電子メールが導入された当時、送信したメールが相手に届いたかどうかを電話で確認するという笑い話がありました。
> 　標的型メールなどの不審なメールが増えてくると、送信者に電話をかけてメールを送ったかどうかを確認する時代が再来するかもしれません。

3-2 暗号技術と電子署名

暗号とは何か？

◆ 暗号化

　独立行政法人情報処理推進機構（IPA）は、**暗号**について「一定の規則に従って文章・数などを他の表現に変えて、その規則を知らない人には元が何かをわからなくするためのものです。例えば、文章を暗号化するときは、まず初めに文章を数字で表現します。そしてそれを一定の規則に従って変換していくわけですが、規則が皆同じだと誰でも暗号文を復号する（元に戻す）ことができてしまいます。それを避けるには、変換するときの規則を変えれば良い訳で、暗号の鍵はそのためのものです。現在の暗号の鍵は通常ビットで表現されています」と説明しています（https://www.ipa.go.jp/security/enc/qa.html）。

　つまり、暗号化とは、重要な情報を第三者が見読できない状態にすることだと言えます。

　暗号化は、**暗号鍵**を用いて行なわれます。暗号鍵には、**共通鍵暗号**と**公開鍵暗号**があり、共通鍵暗号は暗号化するときと復号化するときに同じ（共通の）鍵を用いる方法です。これに対して、公開鍵暗号は、暗号鍵と復号鍵が異なる方法で、この公開鍵暗号を用いれば、暗号鍵を交換する手間が省けるとともに、セキュリティ水準も高くなります。

◆ 何を暗号化するのか？

　主に暗号化は、社外に送信するメールに添付したファイルを第三者が読めないようにするために用いられます。インターネットを通じたメールは、第三者に見読されるリスクがあり、また送信先を誤ってファイルを送信し

た場合にも、暗号化しておけば内容を読まれずに済みます。添付ファイルを暗号化するときには、暗号鍵が必要になりますが、セキュリティソフトウェアを導入して、暗号化が自動的に行なわれるような仕組みを導入することもできます。なお、自動的に暗号化するときの暗号鍵は、乱数を用いて行なわれるのが通常です。

サイバー攻撃によって、サーバなどに保存された情報が窃取される可能性がありますが、万が一、外部に情報を窃取されても簡単に見読されないようにするために、多くの企業などではサーバの情報を暗号化する対策がとられています。この場合においても、対策に伴う業務負荷を軽減するために、暗号化を自動的に行なうセキュリティソフトを導入するのが一般的です。

◆ 電子署名

電子署名とは、暗号化の技術を使って、本人であることを電子的に証明する仕組みのことです。この電子署名は、例えば、政府や地方自治体、大企業などの入札業務などにおいて、入札した企業が本人かどうかを証明するために用いられています。

また、e-tax（国税に関する各種の手続について、インターネットなどを利用して電子的に手続が行なえるシステム）を利用する際にも、本人であることを証明するために電子署名が用いられています。

なお、マイナンバーカードには、本人証明の機能が付与されているので、今後、マイナンバーカードを用いた電子署名が多く活用されることが予想されます。

3 ファイアウォール

ファイアウォールの役割とは？

◆ ファイアウォールの役割

　インターネットは、誰でも自由に利用できる空間です。したがって、インターネットに接続することは、自由空間と接続することになるので、外部からの不正侵入を防ぐ仕組みが必要になります。その仕組みの1つが**ファイアウォール**です。インターネット上では、情報はパケットと呼ばれる情報の小包（情報伝送の一単位）に分割して送受信しますが、ファイアウォールは一定の通信（パケット）だけを通す機能を備えています。

　ファイアウォールには、専用の通信機器を用いる場合と、ソフトウェアで構築する場合に分類されます。専用の通信機器はコストが高いものの、性能面で優れているという特徴があります。

　またファイアウォールには、IPヘッダーに含まれている情報を用いて通信を制御するパケットフィルタリング、アプリケーションプログラムからの操作を中継するアプリケーションゲートウェイなどがあります。

◆ IDSとIPSの役割

　ファイアウォールに加えて講じられるセキュリティ対策として、前章の2-10でも述べた**IDS**（侵入検知システム）と**IPS**（侵入防止システム）があります。IDSは、通信の状況を監視し、不正な通信と判断した場合に、システム管理者に警告する機能をもっています。またIPSは、不正な通信を検知したときに、通信を遮断する機能をもっており、通信の監視だけではなく、不正な通信を遮断できるので、IDSよりも優れていると言えます。

WAFの役割

　独立行政法人情報処理推進機構（IPA）は、**WAF**（Web Application Firewall）について「ウェブアプリケーションの脆弱性を悪用した攻撃などからウェブアプリケーションを保護するソフトウェア、またはハードウェア」と説明しています。また、「WAFは脆弱性を修正するといったウェブアプリケーションの実装面での根本的な対策ではなく、攻撃による影響を低減する対策となります。WAFは、WAFを導入したウェブサイト運営者が設定する検出パターンに基づいて、ウェブサイトと利用者間の通信の中身を機械的に検査します」とも解説しています。さらに、WAFのメリットとして、以下の3点を挙げています。

- 脆弱性を悪用した攻撃からウェブアプリケーションを防御する
- 脆弱性を悪用した攻撃を検出する
- 複数のウェブアプリケーションへの攻撃をまとめて防御する

　このようにWAFは、通信機器を用いた従来のファイアウォールとは異なった機能をもっていることがわかります。

ファイアウォールの弱点

　ファイアウォールは、あらかじめ許可された通信だけを許可する役割をもっているので、許可された通信を利用した攻撃には対応できません。これがファイアウォールの弱点と言えます。例えば、バッファオーバーフロー（メモリ領域のバッファを超えて起こるバグ）や、サーバアプリケーションの設定ミスを狙った攻撃には対応することができないのです。

　また、パケットを大量に送りつけてサービスを遅滞あるいは停止させるDDoS攻撃に対しても、ファイアウォールでは対応することができないので、DDoS攻撃対策のためのハイクオリティサービスの導入が必要になります。

3-4 ウイルス対策

ウイルスとは？　その対策は？

◆ ウイルスとは？

　繰り返しになりますが、ウイルスは、電子メールの添付ファイルを開くことなどによって、パソコンやサーバに保存されたファイルが滅失したり、稼働が遅くなったりするような現象を起こすものです。ウイルスに感染してしまうと、システムの利用に重大な支障をきたすことになってしまいます。

　経済産業省の「**コンピュータウイルス対策基準**」（2000年12月28日、通商産業省告示第952号［最終改定］）では、ウイルスを「第三者のプログラムやデータベースに対して意図的に何らかの被害を及ぼすようにつくられたプログラムであり、次の機能を１つ以上有するもの」として、自己伝染機能、潜伏機能、発病機能の３つを挙げています。

◆ ウイルス対策

　ウイルス対策については、上記の「コンピュータウイルス対策基準」が参考になります。同基準は、システムユーザ基準、システム管理者基準、ソフトウェア供給者基準、ネットワーク事業者基準、システムサービス事業者基準から構成されていますが、特に一般企業（ユーザ企業）においては、システムユーザ基準（**図表３-３参照**）とシステム管理者基準（**図表３-４参照**）が参考になります。

　ウイルス対策では、ウイルス対策ソフトの導入、ウイルスパターンファイルの最新版への更新、定期的なパソコンおよびサーバ全体のウイルススキャンが重要です。

■ 図表3-3　システムユーザ基準の内容

a．ソフトウェア管理	(1) ソフトウェアは、販売者又は配布責任者の連絡先及び更新情報が明確なものを入手すること
	(2) オリジナルプログラムは、ライトプロテクト措置、バックアップの確保等の安全な方法で保管すること
b．運用管理	(1) 外部より入手したファイル及び共用するファイル媒体は、ウイルス検査後に利用すること
	(2) ウイルス感染の被害が最小となるよう、システムの利用は、いったん初期状態にしてから行うこと
	(3) ウイルス感染を早期に発見するため、システムの動作の変化に注意すること
	(4) ウイルス感染を早期に発見するため、最新のワクチンの利用等により定期的にウイルス検査を行うこと
	(5) 不正アクセスによるウイルス被害を防止するため、パスワードは容易に推測されないように設定し、その秘密を保つこと
	(6) 不正アクセスによるウイルス被害を防止するため、パスワードは随時変更すること
	(7) 不正アクセスによるウイルス被害を防止するため、システムのユーザIDを共用しないこと
	(8) 不正アクセスによるウイルス被害を防止するため、アクセス履歴を確認すること
	(9) 不正アクセスによるウイルス被害を防止するため、機密情報を格納しているファイルを厳重に管理すること
	(10) システムを悪用されないため、入力待ちの状態で放置しないこと
	(11) ウイルス感染を防止するため、出所不明のソフトウェアは利用しないこと
	(12) ウイルスの被害に備えるため、ファイルのバックアップを定期的に行い、一定期間保管すること
c．事後対応	(1) ウイルスに感染した場合は、感染したシステムの使用を中止し、システム管理者に連絡して、指示に従うこと
	(2) ウイルス被害の拡大を防止するため、システムの復旧は、システム管理者の指示に従うこと
	(3) ウイルス被害の拡大を防止するため、感染したプログラムを含むフロッピーディスク等は破棄すること
d．監査	(1) ウイルス対策の実効性を高めるため、ウイルス対策についてのシステム監査の報告を受け、必要な対策を講ずること

■図表3-4　システム管理者基準の内容

a．コンピュータ管理	(1)	ウイルス対策を円滑に行うため、コンピュータの管理体制を明確にすること
	(2)	ウイルス感染を防止するため、機器を導入する場合は、ウイルス検査を行うこと
	(3)	ウイルス感染を防止するため、コンピュータにソフトウェアを導入する場合は、ウイルス検査を行うこと
	(4)	ウイルス被害に備えるため、システムにインストールした全ソフトウェアの構成情報を保存すること
	(5)	オリジナルプログラムは、ライトプロテクト措置、バックアップの確保等の安全な方法で保管すること
	(6)	不正アクセスによるウイルス被害を防止するため、システムのユーザ数及びユーザのアクセス権限を必要最小限に設定すること
	(7)	ウイルス被害を防止するため、共用プログラムが格納されているディレクトリに対するシステムのユーザの書き込みを禁止すること
	(8)	ウイルス被害を防止するため、システム運営に必要のないプログラムは削除すること
b．ネットワーク管理	(1)	ウイルス対策を円滑に行うため、ネットワークの管理体制を明確にすること
	(2)	ウイルスに感染した場合の被害範囲を特定するため、ネットワーク接続機器の設置状況をあらかじめ記録し、管理すること
	(3)	ウイルス被害に備えるため、緊急時の連絡体制を定め、周知・徹底すること
	(4)	不正アクセスによるウイルス被害を防止するため、ネットワーク管理情報のセキュリティを確保すること
	(5)	不正アクセスによるウイルス被害を防止するため、外部ネットワークと接続する機器のセキュリティを確保すること
c．運用管理	(1)	システムの重要情報の管理体制を明確にすること
	(2)	不正アクセスからシステムの重要情報を保護するため、システムが有するセキュリティ機能を活用すること
	(3)	パスワードを容易に推測されないようにするため、安易なパスワード設定を排除すること
	(4)	ウイルスの被害に備えるため、運用システムのバックアップを定期的に行い、一定期間保管すること
	(5)	ウイルス被害を防止するため、匿名で利用できるサービスは限定すること

c．運用管理	(6) 不正アクセスを発見するため、アクセス履歴を定期的に分析すること	
	(7) ウイルス感染を早期に発見するため、システムの動作を監視すること	
	(8) ウイルス感染を早期に発見するため、最新のワクチンの利用等により定期的にウイルス検査を行うこと	
	(9) システムの異常が発見された場合は、速やかに原因を究明すること	
d．事後対応	(1) ウイルス感染の拡大を防止するため、感染したシステムの使用を中止すること	
	(2) ウイルス感染の拡大を防止するため、必要な情報をシステムユーザに、速やかに通知すること	
	(3) ウイルス被害の状況を把握するため、ウイルスの種類及び感染範囲の解明に努めること	
	(4) 安全な復旧手順を確立して、システムの復旧作業にあたること	
	(5) ウイルス被害の再発を防止するため、原因を分析し、再発防止対策を講ずること	
	(6) ウイルス被害の拡大及び再発を防止するため、必要な情報を経済産業大臣が別に指定する者に届け出ること	
e．教育・啓蒙	(1) ウイルス対策のレベルアップを図るため、ウイルス関連情報を収集して周知・徹底すること	
	(2) セキュリティ対策及びウイルス対策について、システムユーザの教育・啓蒙を行うこと	
f．監査	(1) ウイルス対策の実効性を高めるため、ウイルス対策についてのシステム監査の報告を受け、必要な対策を講ずること	

◆ 制御系システムの対策

　制御系システムは、以前では、外部と接続されていない閉鎖されたシステムなので、ウイルスへの感染リスクがないと捉えられていたこともあり、ウイルス対策が必ずしも十分とは言えませんでした。しかし、制御系システムの保守のためにUSBメモリなどの媒体を制御系システムに接続したときに、当該媒体がウイルスに感染していると制御系システム全体にウイルスの感染が拡大するリスクがあります。そのため、制御系システムにおけるウイルス対策も必要不可欠になってきています。

3-5 スパムメール対策

スパムメール対策も忘れないようにする

◆ スパムメールとは？

　スパムメール（spam email）のspamには、『新英和大辞典』（研究社）によれば「無差別に送りまくる」という意味があります。電子メールは、郵便と異なりコストをかけなくても簡単に多数の人々に送信することができるので、企業などのPRや商品の案内などに広く活用されています。

　電子メールが正しい送信元から送信されてくるものであれば、当該送信元に対して、送信を停止してもらうなどの対応をしてもらったり、メールの内容について問い合わせをしたりすることができますが、電子メールの送信元は簡単に偽ることができるので、近年では政府や地方自治体、大企業などになりすました不正な電子メールが大量に送信されています。

　このような送信元を偽った不正なメールには、ウイルスを組み込んだファイルが添付されていたり、不正なウェブサイトへのリンクを張っていたりするので、注意が必要です。

◆ スパムメールのリスク

　スパムメールによって、企業など組織内にウイルスの感染が拡大してしまうと、業務遂行に大きな影響を及ぼすリスクがあります。その一方で、現代のビジネスパーソンにとって、電子メールを常にチェックし、必要な返信を行なうことは、業務を進めるうえでの前提となっています。したがって、スパムメールが大量に送りつけられてくると、スパムメールに紛れて正常な電子メールを見落とすことにもなりかねません。

◆ スパムメール対策

　このような厄介なスパムメールに対応するための対策としては、**メールゲートウェイ**と呼ばれる機器を導入する方法が挙げられます。メールゲートウェイは、利用しているネットワークから別のネットワークに接続して、メールやデータの送受信を行なうための機器などです。

　このメールゲートウェイには、メールの送信元を偽っていないかどうかをチェックする機能をもつタイプもあるので、このような機能を有するメールゲートウェイを導入すれば、スパムメールをある程度防止することができます。

　また、メールゲートウェイには、ウイルス対策機能をもつタイプもあるので、どのような機能を有するのかを把握したうえで、他の情報セキュリティ対策と組み合わせて導入すると効果的です。

3-6 バイオメトリクス認証などの認証強化

バイオメトリクス認証の利点と弱点

◆ バイオメトリクス認証とは？

　バイオメトリクス認証（biometrics authentication：生体認証）とは、本人認証を行なうための技術の1つです。

　従来、情報システムの利用者が本人かどうかを判定するための仕組み（本人認証）としては、IDとパスワードを組み合わせる方法や、本人しか所持していないことを前提として身分証明書や入館証などのICカードや磁気カードを用いる方法などが一般的でした。

　こうした方法に加えて、指紋、虹彩、静脈などの身体的特徴を利用して本人を認証する方法がバイオメトリクス認証です（**図表3-5**参照）。

■図表3-5　バイオメトリクス認証の種類

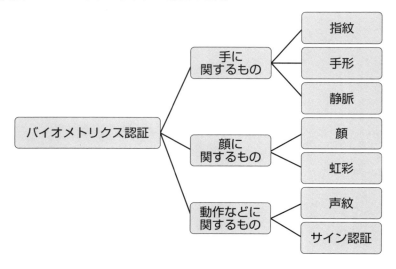

IDやパスワードは忘れてしまうというリスクがありますが、バイオメトリクス認証を用いれば、このようなリスクを防ぐことができます。

また、身分証明書や入館証は紛失や盗難のリスクがありますが、バイオメトリクス認証には、そのような心配もありません。

◆ バイオメトリクス認証のセキュリティ

確かにバイオメトリクス認証を導入すればセキュリティレベルが向上しますが、バイオメトリクス認証用機器の管理や運用に関するセキュリティ対策を怠ってはいけません。

これらの機器を管理、運用できる担当者を限定して、権限のない者による指紋などの生体情報の登録が行なわれないようにする必要があります。

◆ バイオメトリクス認証の弱点

バイオメトリクス認証は、本人の身体的な特徴を利用していますが、必ずしも本人の身体的特徴を間違いなく完全に識別できるわけではありません。例えば、指紋認証の場合には、指紋の特徴点を認証システムに登録し、登録した特徴点と読み込んだ特徴点を比較照合して本人かどうかを判定しますが、照合する際には他人を本人と誤って判断してしまうリスク（その比率を「**他人許容率**」と言います）や、本人を本人として認識しないリスク（その比率を「**本人拒否率**」と言います）があります。

また、指先に怪我を負っている場合などには、指紋を識別できないこともありますし、第三者が指紋を偽装して指紋認証をごまかす可能性もあります。

さらにバイオメトリクス認証では、認証に時間がかかる場合もあるので、大勢の人が入退出するような建物の入口における本人認証には向かないという弱点もあります。

したがって、本人認証の重要性と、認証スピードやコストなどを多面的に検討しながら、本人認証の方式を決めることになります。

3.7 災害対策とインシデント対応

災害対策も忘れてはならない

◆ 災害対策の重要性

　災害には、地震、風水害、雷害などの自然災害のほかに、火災、大規模なシステム障害、テロなどの人為的な災害があります。また、テロにはサイバー攻撃も含まれます。災害が発生すれば、業務に大きな支障が生じるだけではなく、その内容によっては事業活動そのものを遂行することができなくなる致命的なケースもあります。そこで、災害対策は、企業などの状況を踏まえて検討する必要があります。

　日本国内では災害対策として、東日本大震災、阪神淡路大震災が取り上げられて、どのような対策を講じる必要があるのかが論じられることが少なくありません。一方、海外では、タイの洪水や米国でのハリケーン、竜巻といった日本とは異なる自然災害もあるので、海外に子会社などをもつグローバル企業の場合には、多様な視点から災害を捉えることが重要です。

　近年、課題になっているのが、大規模なシステム障害やサイバー攻撃による災害です。例えば、2016年1月～2月に発生したサイバー攻撃では中央省庁のホームページが閲覧できない状況に陥ってしまったり、システム障害によって航空機の出発が遅延したりしたケースも発生しています。

◆ 事業継続計画と事業継続管理

　大規模な災害が発生した場合には、通常の体制では対応が難しいので、全社的な対応が必要になります。そのため、通常の業務マニュアルではなく、**事業継続計画**（Business Continuity Plan：**BCP**）を策定する必要があります。

経済産業省の「**事業継続計画策定ガイドライン**」によれば、事業継続計画を「潜在的損失によるインパクトの認識を行い実行可能な継続戦略の策定と実施、事故発生時の事業継続を確実にする継続計画。事故発生時に備えて開発、編成、維持されている手順及び情報を文書化した事業継続の成果物」と定義しています。

　また、事業継続計画は災害などの発生時の対応計画を定めたものなので、これに基づいた管理を実施しなければなりません。この管理は、**事業継続管理**（Business Continuity Management：**BCM**）と呼ばれています。つまり、BCPとBCMをセットで考える必要があるのです。

◆ 経済産業省「事業継続計画策定ガイドライン」

　事業継続計画を策定するためには、経済産業省の「事業継続計画策定ガイドライン」（**図表3-6**参照）を参考にするとよいでしょう。同ガイドラインでは、災害などが発生し、それに基づいてBCP（事業継続計画）の発動（BCP発動フェーズ）、業務の再開（業務再開フェーズ）、応急対策（業務回復フェーズ）、本格的対策（全面復旧フェーズ）という流れに沿って、実施すべき事項を示しています。このように時系列で災害対策を考えることが大切です。

■**図表3-6　経済産業省「事業継続計画策定ガイドライン」の各フェーズにおける実施項目**

BCP発動フェーズ	・発生事象の確認 ・対策本部設置 ・各対策チーム（部門）の設置 ・安全確保、安否確認 ・要員の配置 ・被害状況の確認 ・業務影響の確認 ・基本方針の決定 ・対応の優先順位の決定 ・復旧目標の決定 ・初期対応の実施

	・リスクコミュニケーションの実施
業務再開フェーズ	・人的資源の確保 ・物的資源の確保 ・代替オフィスの確保 ・業務再開範囲の確認 ・代替運用の開始 ・復旧作業の実施 ・復旧目処の確認 ・運用上の留意事項 ・リスクコミュニケーションの実施
業務回復フェーズ	・業務継続の影響確認 ・復旧状況の確認 ・追加資源投入の検討、実施 ・更なる業務縮退の検討、実施 ・継続業務の拡大の検討、実施 ・復旧作業の実施 ・復旧目処の確認 ・全面復旧のタイミングの決定 ・復旧に向けた資源再配置の計画 ・復旧後の制限の確認 ・リスクコミュニケーションの実施
全面復旧フェーズ	・復旧手順の確認 ・全面復旧の実施 ・資源の再配置 ・業務制限への対応 ・代替運用の本格的縮退 ・総括（被害状況のまとめ、利害関係者への影響のまとめ、再発防止策の検討、BCPの見直しの実施、サービスレベルアグリーメントの見直し、利害関係者への事後処理の実施、業績への影響の見極め） ・経営計画の見直し ・リスクコミュニケーションの実施

◆ 訓練が不可欠

　BCM（事業継続管理）では、訓練が不可欠です。企業によっては、頻繁に訓練を実施しているところがあります。発生の可能性は低くても、損失や社会的な影響の大きい災害が発生したときに適切かつ迅速に対応するためには、常日ごろから訓練を実施し、体に覚え込ませることが不可欠で

す。また、全社的な訓練を頻繁に行なうことが現実的でない場合には、例えば防災の日に合わせてBCMの訓練を実施するとよいでしょう。

なお、上記の訓練を毎年同じシナリオで実施すると、訓練が形骸化し、真剣味が薄れてしまいます。そこで、シナリオを変更して、様々な対応ができるようにしておくとよいです。例えば、地震、火災、水害などが発生する事業所を変更するのも1つの方法です。

さらに、訓練の結果は、必ずBCP（事業継続計画）の見直しにつなげなければなりません。例えば、連絡がうまくいかない場合には連絡方法を見直したり、意思決定がうまくいかない場合には責任者に報告する情報内容を見直したりするなどです。

 総合的な視点

本書は情報セキュリティをテーマにしていますので、情報セキュリティに関係する事業継続計画、つまり、**IT-BCP**（ITに関する事業継続計画）を中心に説明してきましたが、そもそも事業継続計画では、リスクを総合的に考える必要があります。

大規模なシステム障害やサイバー攻撃によって情報システムの可用性が阻害された場合、例えば、手作業で伝票を作成したり、計算を行なったりするなど、必要に応じて手作業による対応をとることも考えられます。

また、大規模なシステム障害やサイバー攻撃の場合には、ITに関係する災害に該当しますが、それらは販売業務、調達業務、生産業務、物流業務などの業務遂行に大きな影響を及ぼすので、ITの復旧対策だけではなく、販売業務、調達業務など各種業務の緊急対応や本格的な復旧などを考える必要があります。つまり、事業継続計画および事業継続管理の対象となるリスクには、特定のリスクだけを考えて対応策を講じるのではなく、関連するリスクも含めておかなければいけません。

3-8 データの廃棄方法のルール化

データ廃棄の間違いを防ぐ

◆ データ廃棄はなぜ重要か？

　パソコンやサーバには耐用年数があるので、一定期間を過ぎると必ずリプレイス（更改）を行なう必要があります。リプレイスの際には、パソコンやサーバ内に保存されている、様々なデータやプログラムを適切に廃棄しなければいけません。ファイルを削除しただけでは、データやプログラムは完全に消去できないので、初期化したり、データ消去ソフトウェアを使用したりするなど特別な対応が必要になります。

　なぜなら、データやプログラムの消去を適切に行なわない場合には、データ復元用のソフトウェアを用いて復元することができ、削除したはずのデータを第三者に見読される可能性があるためです。

◆ ハードウェア修理時のデータ廃棄

　ハードウェア障害によって、ハードウェアの修理や、ハードディスクの交換などの必要性が発生するケースがあります。そうしたケースでは、修理や交換のためにハードディスクなどのハードウェアを自社の外部にもち出すことがあり、そのようなときにも、当該ハードウェアに記録されているデータが外部に流出しないようにデータを適切に消去する必要があります。

　ついついハードウェアの修理に関心が向いてしまいがちですが、そこに保存されたデータの消去を忘れないようにしなければなりません。

◆ データ廃棄の方法

　パソコンやサーバを廃棄する際には、データ消去用ソフトウェアでデータを消去する方法が多くの企業などで採用されています。また、パソコンやサーバのハードディスクなどを物理的に破壊する方法がとられることもあります。さらに、両者の方法を合わせて実施することもあります。

　データ消去の方法には、DoD方式やNSA方式と呼ばれる方法があり、DoD方式は米国国防総省規格の消去方式で、ハードディスクのデータを3回上書きしてデータを読めなくする方法です。一方、NSA方式は米国の国家安全保障局（NSA）が推奨するデータ消去方式で、乱数を2回書き込んだ後に0（ゼロ）で1回上書きする方法です。

　こうしたデータ消去では何れの方式においても専用ソフトが用いられることになりますが、消去対象の領域にデータを乱数や0（ゼロ）に上書きしてデータを読めなくすることから、上書きのための時間がかかるという課題があります。

　上記方式のほかに、消磁方式と呼ばれる、消磁機器を用いてハードディスクなどのデータが保存されている部分の磁気を消去することによって、データが見読されないようにする方法もあります。これは、大きな電子レンジのような機器の中にノートパソコンなどを入れて電圧をかけてデータを消去するようなイメージです。

◆ 買取機器かリース機器かに注意

　先ほど機器や媒体の廃棄方法として、物理的に破壊する方法があると述べましたが、リース機器の場合にはこの方法を適用できません。リース機器はリース会社から借りているものなので、リース期間が満了すればリース会社に返却しなければなりません。また返却時には、当然のことながら、パソコンなどの機器を壊すことなく借りた状態に戻して返却しなくてはいけないので、データ消去用ソフトでデータ消去を行なう必要があります。

◆ 媒体の廃棄

　データは、パソコンやサーバだけに保存（格納）されているわけではありません。USBメモリ、外付型のハードディスクなどの媒体にもデータは含まれていますし、紙ベースの帳票などにも重要な情報が記載されているはずです。そこで、これらの媒体のデータについても復元できないように消去する必要があります。CD-ROMなどは専用のシュレッダーで破壊してから廃棄したり、また外付型ハードディスクの場合には専用のソフトウェアでデータを消去したりすることになります。

　なお、紙ベースの帳票の場合には、リサイクルの視点から紙を溶解して廃棄する方法が採用されるケースもありますが、その場合、リサイクル事業者に業務委託して廃棄することになりますので、情報が漏えいしないよう、信頼できる事業者に委託することがポイントです。

◆ 廃棄までの仮置場にも注意

　パソコンや各種媒体の廃棄は、必ずしも即時に行なわれるわけではありません。パソコンの場合にはリプレイス時にある程度まとめてから廃棄処分を行ないますし、帳票の場合でもある程度の量になってからまとめて廃棄処理事業者に委託することになるでしょう。

　そこで、廃棄事業者に引き渡すまでの、仮の置場所（保管場所）のセキュリティ対策が問題になってきます。不要なパソコンや帳票が紛失しないように、部外者の立ち入りができない場所に施錠保管するなどの対応が必要になります。

◆ 廃棄証明

　廃棄処理を事業者に外部委託する場合には、データを完全に消去したことの証明書の提出を義務づけます。データの消去、パソコンなどの廃棄を確実に実施したことの責任を明確にする必要があるためです。

また、外部委託先に廃棄証明の提出を求めるようにすれば、外部委託先のデータやパソコンなどの廃棄に対する意識を高めることにも役立つでしょう。ただし、廃棄証明の提出を委託先に求めると、コストが増えるというマイナス面もあるので、予算手当てが必要になります。

◆ 廃棄事業者を視察する

　実際に廃棄事業者の作業場所まで行って、廃棄作業の状況を確認するとよいでしょう。ある地方銀行の方が、書類を廃棄する場所まで行き、書類が全部溶解されるまで確認している様子を見たことがあります。また、情報機器を分解し、ハードディスクにドリルで穴をあけて破壊している様子を確認したこともあります。さらに、顧客がパソコンから廃棄場所の状況を現場のカメラを通して確認できるようにしている廃棄事業者も存在します。

　このように廃棄事業者の作業の様子を確認することも、媒体などを確実に廃棄するために大切です。

3-9 マイナンバー制度への対応

マイナンバーにはどのようなリスクがあるか？

◆ マイナンバーとは？

マイナンバー（個人番号） は、国民一人ひとりがもつ12桁の番号であり、生涯利用することを前提に国民全員に付与されています。マイナンバーの導入によって、次のようなメリットが期待されています。

> (1) **行政の効率化**
> 　行政機関や地方公共団体などにおける、様々な情報の照合、転記、入力などの時間・労力の削減、業務連携の推進による作業重複などの削減
> (2) **国民の利便性の向上**
> 　添付書類の削減などの行政手続の簡素化による、国民の負担軽減。行政機関が保有する自己の情報確認、行政機関から様々なサービスのお知らせの受取り
> (3) **公平・公正な社会の実現**
> 　所得や他の行政サービスの受給状況を把握しやすくなり、負担を不当に免れたり、給付を不正に受けたりすることの防止。本当に困っている人へのきめ細かな支援が可能

マイナンバーは、社会保障・税・災害対策分野の中で、法律や地方公共団体の条例で定められた行政手続以外には利用できない点に特徴があり、具体的には、**図表3-7**に示すようなケースが挙げられます。

■ 図表3-7　マイナンバーの利用範囲

分類	内容
社会保障	年金の資格取得や確認、給付 雇用保険の資格取得や確認、給付 医療保険の給付請求 福祉分野の給付、生活保護　など
税	税務当局に提出する確定申告書、届出書、調書などに記載 税務当局の内部事務　など
災害対策	被災者生活再建支援金の支給 被災者台帳の作成事務　など

◆ マイナンバーのリスク

　企業などにおいては、税や社会保険の手続で、従業員などのマイナンバーを取り扱うことになりますが、マイナンバーは、法令および条例で定められた目的以外には利用できないので、適切な利用を行なう仕組みが必要になります。個人情報に比較して、マイナンバーの場合には、より厳格な管理が求められています。人事情報データベースにマイナンバーが含まれると「特定個人情報」に該当することになるので、次に述べるような管理を適切に行なわなければなりません。

- 法令で定められたとき以外には、マイナンバーの提供を求めることができない
- 法令で定められた目的以外には利用できない
- 必要がなくなれば廃棄しなければならない
- マイナンバーにアクセスできる者を限定しなければならない

◆ マイナンバーと情報セキュリティポリシー

　マイナンバーに関するセキュリティ対策については、情報セキュリティポリシーに定めておかなければなりません。また、マイナンバーの取り扱いについては、人事マニュアルなどで具体的な取り扱いを定めることも必

要になります。

　なお、マイナンバーの取り扱いを厳格にしなければならないことから、自社で対応しないで、外部に委託している企業なども少なくありません。こうした場合には、外部委託先と適切な契約を締結しておくこと、定期的に取扱状況を点検・評価することが必要になります。

◆ マイナンバーとPIA

　マイナンバーについては、行政機関等を対象として、**特定個人情報保護評価**、いわゆる**PIA（プライバシー影響評価）**を実施し、マイナンバーに関係するリスクの大きさに応じた対策を講じることが求められています。

　番号法（番号法第26条、第27条）では、情報提供ネットワークシステムを使用して情報連携を行なう事業者が、特定個人情報の漏えいその他の事態を発生させるリスクを分析し、そのようなリスクを軽減するための適切な措置を講ずる制度として特定個人情報保護評価について規定しています。行政機関等以外の者で、情報提供ネットワークシステムを使用して情報連携を行なう事業者としては、健康保険組合などが挙げられます。

　なお、特定個人情報保護評価の実施が義務づけられていない事業者でも、任意に特定個人情報保護評価の手法を活用することは、特定個人情報の保護の観点から有益だとされています。

◆ マイナンバーの管理ポイント

　情報セキュリティ担当者は、マイナンバーに関する管理ポイントを十分に理解しておかなければなりません。マイナンバーの管理ポイントとしては、例えば、**図表3-8**のように整理することができます。

■図表３-８　マイナンバーの管理ポイント（例）

分類	管理項目
組織・体制	・マイナンバーに関する責任部署（本社、事業所など）が明確になっているか ・マイナンバーの事務取扱者（責任者・担当者）が明確になっているか ・マイナンバーを取り扱う部署および業務範囲が適切か 　－個人番号利用事務（健康保険組合など） 　－個人番号関係事務（給与所得の源泉徴収票、支払調書、健康保険・厚生年金保険被保険者、資格取得届出など） ・マイナンバーに関する取り扱いを外部委託している場合には、その主管部署が明確になっているか
規程・業務マニュアル	・マイナンバーに関する基本方針が定められているか ・マイナンバーに関する取扱規程が定められているか ・マイナンバーに関する取扱規程の策定に際して、「特定個人情報の適正な取り扱いに関するガイドライン（事業者編）」等を参照しているか ・個人情報保護に関する規程・マニュアルについて、マイナンバーによる影響が反映されているか ・人事マニュアルについて、マイナンバーによる影響が反映されているか ・情報セキュリティポリシー・規程等について、マイナンバーによる影響が反映されているか
特定個人情報ファイル	・特定個人情報保護ファイル（個人番号を含む個人情報ファイル）が作成されているか ・特定個人情報ファイルは、一般の個人情報データベースと独立しているか ・特定個人情報ファイルのアクセス権は、業務上必要な者（個人番号利用事務、個人番号関係事務）だけに付与されているか ・パスワードは、適切か（桁数、英数字・記号・大文字小文字）。また、変更頻度は適切か ・生体認証を用いている場合には、その登録は適切に行なわれているか ・特定個人情報保護ファイルのバックアップを適切に取得しているか ・同バックアップ媒体等の管理は、適切に行なわれているか ・特定個人情報ファイルへのアクセスログを取得し、アクセス状況をモニタリングしているか ・特定個人情報保護ファイルが、個人情報管理台帳や情報資産管理台帳に記載されているか

マイナンバーの収集	・マイナンバーの取得は、社会保障および税に関する手続書類の作成事務を処理するために必要がある場合に限って行なわれているか 　－入社、身上関係変更（結婚、被扶養者追加等）、休職・復職、組織異動（分社、出向等）、証明書発行、退社など個人番号が必要な場合以外で、個人番号の提供を求めていないか 　－社会保険関係手続、雇用保険、健康保険、厚生年金保険等、税務関係手続、年末調整、源泉徴収等の書類作成事務以外で個人番号の提供を求めていないか ・マイナンバーの取得に際して、本人などに利用目的を通知しているか ・マイナンバーの取得は、必要な者以外に見られないような方法で行なわれているか
利用・提供	・マイナンバーの利用は、法律に規定された社会保障、税および災害対策に関する事務に限定されているか ・マイナンバーに関する業務マニュアルなどで、マイナンバーの利用範囲が明確に定められているか ・マイナンバーの取扱責任者および担当者は、利用範囲を理解しているか ・社会保障および税に関する手続書類の作成事務を行なう必要がある場合を除いて、本人などに対してマイナンバーの提供を求めていないか
保管	・マイナンバーの保管場所・保管期間・責任者・根拠法令などが、個人情報管理台帳等で明確になっているか ・書類の場合には、キャビネットに施錠保管されているか。鍵の管理（保管場所、スペアキーなど）は適切に行なわれているか ・マイナンバーに関する業務マニュアルなどで、マイナンバーの保管期間が明確になっているか ・マイナンバーの棚卸が行なわれているか
安全管理措置	・基本方針で定められている内容が適切か 　（事業者の名称、関係法令・ガイドラインなどの遵守、安全管理措置に関する事項、質問および苦情処理窓口など） ・取扱規程などで定められている内容が適切か 　（取得、利用、保管、提供、削除・廃棄の管理段階ごとに取扱方法、責任者・事務取扱担当者、任務など） ・組織的安全管理措置 　－組織体制が適切に整備されているか 　－取扱規程に基づいて運用されているか（システムログ、利用実績を記録しているか） 　－取扱状況を確認する手段が整備されているか 　－情報漏えい等事案に対する体制が整備されているか

　　　　－特定個人情報等の取扱状況を把握し、安全管理措置の評価、見直し、改善に取り組んでいるか（自己点検、他部署による点検、監査）
・人的安全管理措置
　　　　－事務取扱者が取扱規程などに基づいて業務を行なっているかどうかを監督しているか
　　　　－事務取扱者に対して、特定個人情報等の適正な取り扱いに関して周知徹底しているか。また、教育を行なっているか
・物理的安全管理措置
　　　　－特定個人情報ファイルを取り扱う情報システムを管理する区域や特定個人情報等を取り扱う事務を実施する区域を明確にして、入退室管理、機器のもち込み制限、壁・間仕切り・座席配置等の物理的な安全管理措置を講じているか
　　　　－特定個人情報を取り扱う機器および電子媒体などの盗難・紛失防止などのための物理的な安全管理措置を講じているか
　　　　－特定個人情報などが記録された電子媒体などをもち出す場合には、暗号化、パスワードによる保護、施錠された搬送容器の利用、封緘、目隠しシールの貼付などの物理的な安全管理措置を講じているか
　　　　－個人番号または特定個人情報ファイルを削除した場合、電子媒体等を廃棄した場合には、溶解、専用のデータ削除ソフトウェアによる消去など、復元できない手段で削除・廃棄しているか（情報システムに自動削除の機能を設けてもよい）
・技術的安全管理措置
　　　　－特定個人情報ファイルのアクセス管理が適切に行なわれているか
　　　　－アクセス者（事務取扱担当者）を適切に識別しているか
　　　　－外部からの不正アクセスなどを防止する対策が講じられているか（ファイアウォール、セキュリティ対策ソフトウェア、IPS［Intrusion Prevention System：侵入防止システム］、IDS［Intrusion Detection System：侵入検知システム］、ログ分析など）
　　　　－特定個人情報などをインターネットなどで外部送信する場合には、情報漏えいなどを防止するための対策が講じられているか（通信経路の暗号化、データの暗号化、パスワード保護など）
　　　　－ウイルス感染した場合に備えて、出口対策（不正なサイトへのアクセスの検知・自動遮断など）、内部対策（振舞い検知、暗号化など）が講じられているか

外部委託管理	・社内対応と外部委託の比較検討を行なっているか ・外部委託先の選定が適切に行なわれているか ・外部委託契約が適切に締結されているか ・外部委託先に対する監督を適切に行なっているか ・再委託先（再々委託等を含む。以下同じ）の場合の取り決めが適切に行なわれているか ・再委託先の監督を適切に行なっているか ・委託先・再委託先でインシデントが発生した場合の連絡体制が整備され、周知・訓練などが行なわれているか

マイナンバーに関係するヒヤリハット事例

　マイナンバーを所管する個人情報保護委員会では、マイナンバーに関係する『ヒヤリハット事例』を公表しています。例えば、リサイクルショップで本人確認書類の提示を求められたときに、運転免許証をもっていなかったので、店員からマイナンバー（個人番号）の提示を求められたという事例があります。これは、番号法で定められたこと以外にマイナンバーを利用しようとした法令違反です。

　また、「勤務先からマイナンバー（個人番号）の提供を求められ、安全管理措置について勤務先に問い合わせたところ、委託業者に任せているので委託先に問い合わせるよう言われ、委託業者に問い合わせたが、答えられないと言われた」というように、必要かつ適切な監督を委託先に対して行なっていなかった事例もあります。

　マイナンバーを取り扱う際、上記個人情報保護委員会の『ヒヤリハット事例』を一読することをお薦めします。

3-10 個人情報保護法の遵守

個人情報を守ることが情報セキュリティの第一歩

◆ 個人情報保護と個人情報保護法

　企業などでは、事業活動を進めるために顧客や従業員などの個人情報を収集し利用しています。個人情報は機微な情報であることから、情報漏えいや紛失、目的外の利用などが発生しないように様々な対策が講じられています。個人情報保護が求められるようになった契機は、「プライバシー保護と個人データの国際流通についてのガイドラインに関するOECD理事会勧告」(1980年9月)だと言えるでしょう。これを契機に、経済産業省（当時は通商産業省）などの監督官庁が個人情報保護ガイドラインを策定し、これを受けて各業界団体で個人情報保護ガイドラインが策定されました。

　個人情報保護の法制化としては、「行政機関の保有する電子計算機処理に係る個人情報の保護に関する法律」(1988年12月16日公布)、「個人情報の保護に関する法律」（個人情報保護法、2003年5月公布、2005年4月全面施行）が挙げられます。特に個人情報保護法を契機として、企業などにおいて個人情報保護体制、プライバシーポリシー、規程などを整備したり、個人情報保護監査を実施したりするなど、個人情報保護の取り組みが本格化しました。

　さらに、「行政手続における特定の個人を識別するための番号の利用等に関する法律」（マイナンバー法、2013年5月31日公布）によって、マイナンバーが企業にとって重要な課題となりました。

◆ 個人情報保護法の主な規定

　個人情報保護法では、事業者が実施すべき事項のほかに、国が実施すべ

■ 図表３-９　個人情報保護法の重要な規定

規定	法令
利用目的の特定	個人情報保護法第15条
取得に際しての利用目的の通知等	個人情報保護法第18条
データ内容の正確性の確保	個人情報保護法第19条
適正な取得	個人情報保護法第17条
保有個人データに関する事項の公表等	個人情報保護法第24条、個人情報保護法施行令第５条
開示	個人情報保護法第25条、個人情報保護法施行令第６条
訂正等	個人情報保護法第26条
個人情報取扱事業者による利用停止等	個人情報保護法第27条
理由の説明	個人情報保護法第28条
開示等の求めに応じる手続	個人情報保護法第29条、個人情報保護法施行令第７条、第８条
手数料	個人情報保護法第30条
個人情報取扱事業者による苦情の処理	個人情報保護法第31条

き事項などを定めています。個人情報保護法において重要な規定としては、図表３-９に示したとおりです。情報セキュリティ担当者は、これらの規定の内容についてしっかり理解しておく必要があります。

　上記の規定のうち特には、利用目的の特定、利用目的の通知等の規定に注意が必要です。また、データ内容の正確性の確保についても、誤った個人情報による顧客等への影響について十分配慮する必要があります。

誤った情報によりクレジットカードが発行できなかった事例

　奨学金の返済状況について誤った情報が信用情報機関に提供されたために、クレジットカードの発行ができなかった事例があります。奨学金を返済していたにもかかわらず、返済していないという誤った情報を信用情報機関に送信してしまったことが原因でした。

改正個人情報保護法

　2015年9月に**改正個人情報保護法**(「個人情報の保護に関する法律及び行政手続における特定の個人を識別するための番号の利用等に関する法律の一部を改正する法律」)が制定され、2017年5月30日に全面施行されることになりました。

　個人情報保護法の改正のポイントは、**図表3-10**に示したとおりです。

■ 図表3-10　個人情報保護法改正のポイント

事項	内容
個人情報の定義の明確化	改正前の個人情報保護法では、個人情報の定義があいまいな部分があったので、身体的特徴等が該当することを明確に定義するとともに、要配慮個人情報(信教や門地といった機微情報)について明確に規定した
適切な規律の下で個人情報の有用性を確保	個人情報の活用の視点から個人が特定できないようにするなどの条件を満たせば第三者提供ができるようになった
個人情報保護委員会の新設およびその権限	個人情報保護委員会を新設し、業界で異なっていた個人情報の主務大臣の権限を一元化した
個人情報の取り扱いのグローバル化	国境を越えた個人情報の流通に関する取り扱いを明確にした
その他	本人の同意を得ない第三者提供の届け出、公表等の厳格化、利用目的の変更を可能とする規定の整備、個人情報取扱事業者(取り扱い個人情報が5,000人超)の制限をなくし小規模事業者も対象

　特に、いままで個人情報保護法の対象外となっていた小規模事業者にも個人情報保護法が適用されることになりますので、中小企業や中堅企業などでは注意が必要です。

◆ 改正個人情報保護法（匿名個人情報）への対応

　改正個人情報保護法が全面施行されると、企業において個人情報を活用することへの道が開かれます。近年、ビッグデータの活用が注目を集めており、マーケティングだけではなく様々な局面でビッグデータの分析による新たな取り組みが拡大しつつあります。しかし、現行の個人情報保護法では、目的外の個人情報の利用が制限されていることから、個人情報の活用が柔軟に行なえるような仕組みが求められていました。

　個人情報の利用が問題になったケースとしては、例えば、電車乗降データの外部への販売が問題になった事件が挙げられます。乗客の流れを把握することは、出店計画や都市開発計画への活用の道を広げます。また、乗降記録のほかに年齢や性別なども分析することによって、より精度の高いマーケティングを行なうことが可能になります。

　そこで、個人情報保護法を改正して、こうした個人情報の活用への道を開くことになりました。改正法では、個人情報を活用する場合には、個人を特定できないように**匿名加工情報**にすることが定められています。したがって、個人情報を匿名化すれば、本人の合意がなくても活用することができるようになります。

　この個人情報保護法の改正に伴い、今後、企業などでは個人情報を匿名化する仕組みやプロセスの整備が求められますが、具体的には、次のようなことが考えられます。

- 個人情報の匿名化の依頼・承認・確認などの手続を定めること
- 個人情報の匿名化の責任者・担当者を定めること
- 個人情報の匿名化の技法および作業手順を定めること
- 個人情報が匿名化されたことを作業者以外の者が確認すること
- 作業記録を残すこと
- 個人情報の匿名化に関する作業について外部に委託する場合には、事前に適切な契約を締結し、作業状況を管理すること

なお、個人情報保護委員会規則で定める基準に従う必要がある点にも留意してください。

◆「個人情報のライフサイクル」でセキュリティを考える

個人情報保護は、**個人情報のライフサイクル**で考えるとリスクの見落としやセキュリティ対策の脆弱な部分の発生を防ぐことができます。例えば、次のように個人情報のライフサイクルを把握するとよいでしょう。

- 誰がどこでどのような方法で個人情報を取得するのか
- 取得した個人情報を誰がどのように情報システムに入力するのか
- 入力時にはどのようなチェックが行なわれるのか
- 入力のもととなる契約書などの書類を誰がどこにどのように保管しているのか
- 情報システムに登録された情報を誰が何の目的でどのように利用しているのか
- 情報システムへのアクセス管理を誰がどのように行なっているのか
- 情報システムの利用状況をチェックする人はいるのか
- 不要になった個人情報や書類を誰がいつどのように廃棄しているのか

◆ 個人情報へのアクセスポイントを図で考える

個人情報保護をライフサイクルの視点から把握するだけではなく、個人情報がどこに存在しているのか、つまりアクセスポイントを把握することも重要です。この場合には、企業などにおいて個人情報がどこにあるのかを、図にして把握するとわかりやすくなります。

例えば、事務所の図面に個人情報が記載された帳票の場所やパソコンやサーバの設置場所を示すことによって、その場所のリスクを考えることができます。また、第三者が立ち入りやすい場所か、施錠保管をしているか、

パソコンはワイヤーで紛失・盗難防止を行なっているか、サーバがサーバルームに設置されてサーバラックは施錠されているか、といったことも図に入れておけば、個人情報に関係するリスクが把握しやすくなります。

◆ 個人情報は目的内で利用する

　企業活動を行なううえで、個人情報は貴重な経営資源ですが、個人情報を取得するときに通知・公表している個人情報の利用目的の範囲内で利用しなければなりません。顧客の個人情報の利用に対する関心は高まっており、目的外の利用を行なってしまうと、企業の社会的信用が失墜することになります。

　例えば、アンケートだけに利用すると説明して取得した情報を、商品やサービスの販売目的で利用することがないようにすることが大切です。そのため、経営者や管理者は、誤った個人情報の利用を行なわないように、個人情報の目的内利用を認識し実践するように部下を指導しなければなりません。

3-11 新技術を導入するときの注意点

新技術には光と影がある

◆ 新技術とリスク

　ICTの革新は変化の激しいところに特徴があります。メインフレームの時代から、分散処理、ウェブシステム、クラウド・コンピューティングへと変化してきました。また、専用通信回線の時代からインターネットへ、有線LANから無線LANへと変化してきました。さらにパソコンから携帯電話、スマホへと変化し、企業内での情報システムの利用から個人利用へと変化してきました。このような変遷の結果、セキュリティリスクもIT部門の課題から企業全体のリスク、個人を含めた社会全体のリスクへと大きく変化してきたのです。

　新技術とリスクの関係は、**図表3-11**のように整理することができます。

　新技術を導入すると、新たなビジネスが生まれ、それに伴うリスクが発生します。例えば、インターネットを利用した新しいビジネスを始めれば、不正アクセスによる情報漏えい、画像などの知的財産権侵害の問題、顧客

■ **図表3-11　新技術の導入とリスクの考え方**

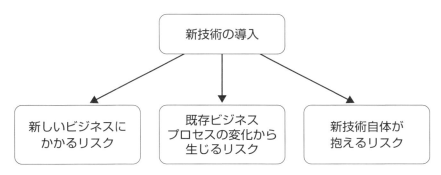

情報の入力ミスによる商品の誤配送といった新たなリスクが発生します。

　また、スマホを含めたモバイル端末を利用して既存の営業プロセスを改革すると、システム障害によるビジネスの遅滞といった新たなリスクが生じますし、さらに新技術自体が抱えるリスクも出てきます。

◆ ビジネスプロセスの変化

　新技術を導入するときには、ビジネスプロセスがどのように変化するかを分析する必要があります（**図表3-12**参照）。ビジネスプロセスの変化の分析においては、**J-SOX**（金融商品取引法の内部統制の有効性評価）で作成した業務フローチャートを活用するとよいでしょう。いままで行なってきた起票作業、入力業務、チェック作業、数量を数える業務などがどのように変化したのかを分析します。

　例えば、書面による決裁から電子決裁に変更すれば、押印作業がなくなります。押印作業では印鑑の管理が重要でしたが、電子決裁では、IDやパスワードの管理が重要になってきます。また、入庫業務が電子化される

■**図表3-12　新技術によるビジネスプロセスの変化**

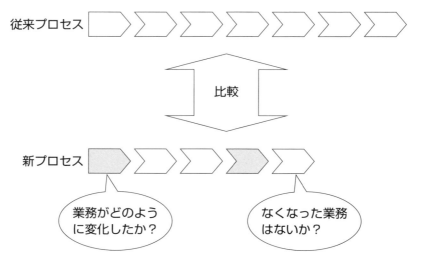

ことによって、商品や部品の品名・品番の誤り、個数の数え違いといったリスクがなくなる一方で、商品マスターや部品マスターの登録が重要になります。それは、商品マスターや部品マスターに誤った登録を行なうと、入庫情報に誤りが生じるからです。

　情報セキュリティ担当者は、書面（紙ベース）のビジネスプロセスと電子のビジネスプロセスではどのように業務が変化するのかに十分に注意を払う必要があります。その際、機密性だけではなく、可用性およびインテグリティの視点も忘れないことが重要です。

◆ リスクの変化の捉え方

　ビジネスプロセスの変化を把握したら、その変化によってどのようなリスクが発生しているのかを検討します。前述したように、ビジネスプロセスの分析によって業務における行為がどのように変化したのかがわかりますが、それらの行為には、**図表3-13**に示すようなリスクがあります。ビジネスプロセスを分析するときに、行為とリスクをモデル化すると、リスク対策を講じやすく、またリスク対策のもれを防ぐことができます（**図表3-14**参照）。

■図表3-13　ビジネスプロセスにおける行為とリスク

行為	リスク
受付・起票	受付・起票ミス（日付、品名、数量、金額、取引内容などの誤り）
	受付・起票遅れ
	受付・起票もれ
入力・訂正・削除	入力・訂正・削除ミス（金額、勘定科目、計上日、取引先などの誤り）
	入力・訂正・削除遅れ
	入力・訂正・削除もれ
	権限をもたない者による入力・訂正・削除

承認	誤承認（チェックミス、承認してはいけない件名の承認）
	承認遅れ
	承認もれ
	権限のない者による承認
検収	誤受入（チェックミス、受入してはいけない件名の受入）
	受入遅れ
	受入もれ
	権限のない者による承認
入庫・出庫	現品確認ミス（数量、品名などの誤り）
	入庫・出庫場所の誤り
	伝票と現品の不一致
	入庫・出庫遅れ
	入庫・出庫もれ
	権限のない者による入庫・出庫
棚卸	確認ミス（品名、数量など）
	棚卸遅れ
	棚卸もれ（未実施）
	権限のない者による棚卸
転記	転記ミス（金額、勘定科目、計上日、取引先などの誤り）
	転記遅れ
	転記もれ
	権限のない者による転記
マスター登録	入力ミス（金額、勘定科目、計上日、取引先などの誤り）
	入力遅れ
	入力もれ
	権限をもたない者による入力
データ連携	データの欠落
	データ連携遅れ
	データ連携もれ

出所：拙稿「IT統制の概念と実務上の課題」『第2回情報システム学会研究発表大会予稿集』2006年12月2日を一部修正

■ 図表3-14　ビジネスプロセスにおけるリスクとコントロールのモデル

リスク	コントロール
入力・訂正・削除ミス	システムチェック（金額、勘定科目、計上日、取引先など）、目視による確認、プルーフリストによるチェック、複数者によるチェック、教育
入力・訂正・削除遅れ	システムによるチェック（入力状況の確認画面など）、担当者による未入力伝票のチェック、作業マニュアルの作成、教育
入力・訂正・削除もれ	システムによるチェック（入力状況の確認画面など）、担当者による未入力伝票のチェック、作業マニュアルの作成、教育
不正入力	アクセス管理、職務の分離、アクセスログのチェック、作業状況のモニターカメラによる監視
誤承認	システムによるチェック、教育
現品確認ミス	バーコードリーダ、ICタグ、複数者によるチェック、棚卸表のシステム出力、複数者によるチェック
転記ミス	システムによるチェック、担当者によるデータのチェック、作業マニュアルの作成、教育
データの欠落	システムによるチェック（コントロールトータル、バッチトータルなど）、担当者による件数チェックなど
データ連携遅れ	オペレーションの自動化、担当者によるチェック

出所：拙稿「IT統制の概念と実務上の課題」『第2回情報システム学会研究発表大会予稿集』2006年12月2日を一部修正

◆ 対策の整備・運用

　ビジネスプロセスの変化に伴うリスクがわかれば、上の**図表3-14**で示したように、そのリスクに対する対策（コントロール）も明確になります。コントロールには、例えば、次のようなものがあるので、これを参考にしてコントロールの整備・運用を進めるとよいでしょう。

(1) **重複チェック**
　　入力者以外の者によるチェック　など
(2) **管理者によるチェック**
　　入力結果、出力結果、業務の実施状況のチェック　など
(3) **システムによるデータチェック**
　　属性、実在性、関連性のチェック　など
(4) **帳票や画面による定期的なチェック**
　　処理の遅延、処理のもれ、異常値のチェック　など

3-12 クラウド時代のリスク管理に必要なことは？

クラウドサービス導入で安心してはならない

◆ クラウドサービスとは？

　クラウドサービスについては、必ずしも合意された定義がないのが現状ですが、経済産業省はクラウド・コンピューティングについて「『ネットワークを通じて、情報処理サービスを、必要に応じて提供／利用する』形の情報処理の仕組み（アーキテクチャー）」としています（「『クラウド・コンピューティングと日本の競争力に関する研究会』報告書」2010年8月16日、p.13 ）。

　また、クラウドサービスには、**IaaS**（Infrastructure as a Service：ハードウェアや通信回線などの情報通信基盤をインターネット上のサービスとして提供するもの）、**PaaS**（Platform as a Service：ハードウェアや通信回線などの情報通信基盤に加えて、アプリケーションソフトが稼動するためのOSなどのプラットフォームをインターネット上のサービスとして提供するもの）、**SaaS**（Software as a Service：アプリケーションシステムをインターネット上で提供するもの）があります。

　クラウドサービスを導入すれば、自社でシステム構築をする必要がない、サービスを短期間で導入できるなどのメリットがあります。しかし、クラウドサービスベンダでのセキュリティ対策が重要になるので、適切なクラウドサービスベンダを選定することが重要です。

◆ クラウドサービスのリスク

　クラウドサービスについては、**図表3-15**に示すようなリスクがあります。

■図表3-15　クラウドサービスのリスク

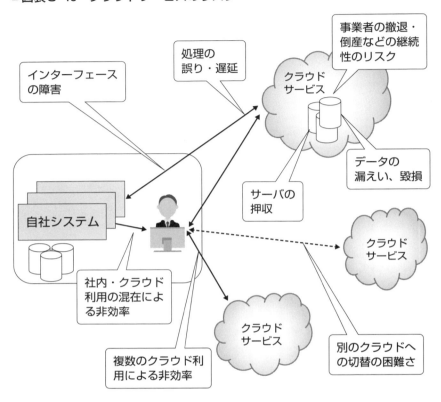

出所：拙著『よくわかるシステム監査の実務解説』同文舘出版、2012年、p.165を一部修正

◆ クラウドサービスのセキュリティ対策

　クラウドサービスのセキュリティ対策を検討する際には、経済産業省から公表された「クラウドサービスレベルのチェックリスト」を参考にするとよいです（**図表3-16**参照）。

■図表3-16　経済産業省「クラウドサービスレベルのチェックリスト」の概要

種別		サービスレベル項目
アプリケーション運用	可用性	・サービス時間 ・計画停止予定通知 ・サービス提供終了時の事前通知 ・突然のサービス提供停止に対する対処 ・サービス稼働率 ・ディザスタリカバリ ・重大障害時の代替手段 ・代替措置で提供するデータ形式 ・アップグレード方針
	信頼性	・平均復旧時間（MTTR） ・目標復旧時間（RTO） ・障害発生件数 ・システム監視基準 ・障害通知プロセス ・障害通知時間 ・障害監視間隔 ・サービス提供状況の報告方法／間隔 ・ログの取得
	性能	・応答時間 ・遅延 ・バッチ処理時間
	拡張性	・カスタマイズ性 ・外部接続性 ・同時接続利用者数 ・提供リソースの上限
サポート		・サービス提供時間帯（障害対応） ・サービス提供時間帯（一般問合せ）
データ管理		・バックアップの方法 ・バックアップデータを取得するタイミング（RPO） ・バックアップデータの保存期間 ・データ消去の要件 ・バックアップ世代数 ・データ保護のための暗号化要件 ・マルチテナントストレージにおけるキー管理要件 ・データ漏えい・破壊時の補償／保険 ・解約時のデータポータビリティ ・預託データの整合性検証作業 ・入力データ形式の制限機能
セキュリティ		・公的認証取得の要件 ・アプリケーションに関する第三者評価 ・情報取扱環境 ・通信の暗号化レベル ・会計監査報告書における情報セキュリティ関連事項の確認 ・マルチテナント下でのセキュリティ対策 ・情報取扱者の制限 ・セキュリティ・インシデント発生時のトレーサビリティ ・ウイルススキャン ・二次記憶媒体の安全性対策 ・データの外部保存方針

出所：経済産業省「クラウドサービスレベルのチェックリスト」2010年8月16日に基づいて作成

図表3-16に示されたチェック項目（サービスレベル項目）について、自社が導入しようとするクラウドサービスをチェックしてみてください。

◆ クラウドサービスでの注意点

クラウドサービスを利用すると、いままで自社で責任をもっていたセキュリティ対策をクラウドサービスベンダに大きく依存することになります。クラウドサービスを利用したからと言って、クラウドサービスによって生じた問題がすべてクラウドサービスベンダの責任にはならないということに留意する必要があります。

あくまでも顧客に様々な商品やサービスを提供している自社の責任になるということです。したがって、クラウドサービスベンダを適切に選定し、そのサービス内容を定期的にチェックすることが不可欠です。

クラウドサービスベンダをユーザ企業が監査するという方法も考えられますが、コストや監査実務の面から言えば、必ずしもそのような監査を適切に行なうことは難しいと思います。そこで、第三者による監査サービスを利用する方法もあります。FISC（金融情報システムセンター）が2016年に公表した「金融機関等のシステム監査指針（改訂第3版追補）」を参照して、監査サービスを利用するのもよいでしょう。

第4章

情報セキュリティ対策の立て方・体制のつくり方

情報セキュリティは体制づくりから始める

4.1 社内の意識づけから始める

意識の差が情報セキュリティレベルを左右する

◆ セキュリティ意識がベース

　情報セキュリティ対策をしっかりと行なうためには、経営者をはじめ、従業員の意識づけが不可欠です。従業員などのセキュリティに関するリスク意識がなければ、簡単に標的型メール攻撃の犠牲になってしまいますし、重要な情報が保存されている電子媒体や帳票を紛失してしまうためです。

　かなり以前の話になりますが、消防設備が完備されているという認定を受けていた旅館で火災が発生し、死傷者が出てしまった事例がありました。この事例では、その火災の前に火災報知器の誤検知が多発していたことから火災報知器の電源を切っていたことが大きな原因でした。

　情報セキュリティ対策も同様で、例えばパスワードが第三者に知られてしまうような取り扱いをしていたのでは、第三者による不正アクセスを防ぐことはできません。

　また、アクセスログを取得し、アクセスログの分析を行なうことになっていても、その分析を実施しなければアクセスログを取得している意味がなくなってしまいます。

　したがって、経営者や社員、パート、アルバイト、派遣社員を含めて情報や情報システムを取り扱う者全員のセキュリティ意識を高めなければなりません。

◆ 網羅性が重要

　従業員などの情報セキュリティ意識を高めるためには、**網羅性**が重要になります。網羅性というのは、情報や情報システムを取り扱う者全員を対

象とすることです。網羅性を確保するうえでのポイントは、次のような点にあります。

(1) 経営者、部長ほど意識づけが重要

　経営者や部長などは、職位が上位のポストにあることから、自分は対象にしなくてよいと考えがちです。また、下位の担当者が経営者や部長に向かって「教育を受けてください」とは言いにくいような文化や風土の企業などもあるかもしれません。しかし、経営者や部長などは、一般社員よりも重要な情報を知り、取り扱っていることから、万が一、外部にその重要な情報が漏れてしまうと大きな問題に発展するため、特にセキュリティ意識をもつことが重要です。

(2) パート、アルバイト、派遣社員などの意識づけも忘れない

　セキュリティの意識づけは、パート、アルバイト、派遣社員などに対しても適切に行なわなければなりません。正規社員とは異なる勤務形態や、短期間の雇用という理由からセキュリティの意識づけを行なわなくてもよいというように考えてはいけません。以前、ホテルのアルバイトがSNSを使って「著名人が来ている！」といった情報を流したり、食品の不適切な取り扱いをしたりして、経営に深刻な影響を及ぼした事件が発生したことを忘れてはなりません。

(3) 外部委託先も重要

　外部委託先についても、組織が異なるのでセキュリティの意識づけができないというように考えてはいけません。委託契約を締結する際に、自社のセキュリティポリシーを自社の業務を取り扱う委託先の従業員に対して適切に実施することを定めておく必要があります。
　また外部委託する場合、どのような情報セキュリティ教育を実施しているのかを事前に評価したうえで委託先として選定することが重要です。なお、委託先に対して、セキュリティ教育などを実施した結果を報告させるように管理するとよいでしょう。

◆ 意識づけはシンプルに！

　情報セキュリティに関する意識づけは、可能な限りシンプルに行なうとよいです。従業員個人に情報セキュリティについて判断させたり、情報セキュリティ規則を詳細に理解するように指導したりするのではなく、「業務以外に利用しない、勝手にもち出さない」といったシンプルな指導を行なうほうが従業員にとってはわかりやすくなります。「クリアデスク、クリアスクリーン」（机の上に何も置かない、画面はログオフする）といった簡潔な指導も有効です。

◆ 「忘れたころ」が重要

　情報セキュリティに関する意識は、時と共に薄れてしまうのが実態です。そこで、セキュリティの意識づけは、忘れたころに行なうのが有効です。例えば、半期ごとに実施してもよいですし、情報セキュリティ月間や情報セキュリティの日などを設定して実施してもよいでしょう。

　また、管理者の立場から見ると、職場の緊張感が緩んできたかなと感じるときに注意喚起することが重要です。何れにしても、組織の状況や雰囲気に常に注意を払うことが大切です。

◆ 飽きさせない

　毎回同じような方法で意識づけを行なうと、意識づけのための教育などが形骸化してしまい効果が薄れてしまいます。そこで、従業員などに飽きさせないような工夫が必要になります。例えば、次のような取り組みです。

- 映像を使う
- 社長から意識づけをしてもらう
- 他社事例を紹介する
- 理解度テストを行なう

- グループディスカッションを採用する
- 外部講師による講演や研修を行なう

◆ 人材不足

　最近、国を挙げてセキュリティ人材(セキュリティを担う人材)の育成が叫ばれていますが、企業においてもセキュリティ人材が不足しています。セキュリティ人材だけでなく、IT人材も不足しているので、システム開発の失敗やシステム障害がなくなりません。

　従来の企業では、IT業務を非コア業務として位置づけてきた結果、IT人材の育成は進まず、IT人材の不足という結果を招いています。

　このようにシステム開発・運用のリスクがわからない状況でIT業務を外部委託すると、誤った指示・承認を行なってしまい、システム開発の失敗やシステム障害の発生につながることがあります。

　IT人材を社内で育成することは手間がかかるので、IT人材を外部から確保する方法をとる企業もあります。特に情報セキュリティ人材はいま非常に不足しているため、中途採用で人材を確保して対応している企業が多いのが現状です。

4-2 情報セキュリティ対策はプロセスで考える

業務プロセスからリスクを捉える

◆ プロセス思考

プロセス思考とは、仕事などが行なわれているプロセス、つまり業務や情報の流れで捉えて考えるということです。例えば、営業プロセスを例にすると、図表4-1のようにプロセスを図式化して整理していきます。

営業活動で、パンフレットを使って製品やサービスの内容を顧客に説明し、引き合いがあれば、見積の提示や提案を行ない、その見積や提案が了承されれば受注につながります。受注した後は、商品やサービスを納入し、請求、代金の回収という流れになります。

このようなプロセスは、業務マニュアルに記載していることが多いので、それを参考にすると効率的にプロセスを把握することができます。プロセス図を作成したら、どこに、どのようなリスクがあるのか、リスクの大きさはどの程度かを分析し、リスクの大きさに応じて、セキュリティ対策を講じることになります。

業務プロセスは、情報セキュリティの基礎となるものなので、しっかりと把握する必要があります。

■図表4-1　営業業務のプロセス

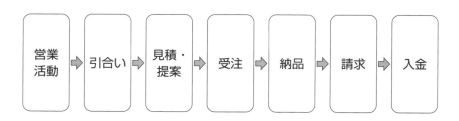

◆ 例外処理に注意

　プロセス分析を行なう際には、通常行なわれる処理だけではなく、通常とは異なる流れで行なわれる**例外処理**にも注意しなければなりません。この点について、アクセス権付与を例に挙げて説明します。

　人事情報システムとアクセス権限の付与が連携した仕組みになっていれば、人事異動に伴ってアクセス権が自動的に付与されたり、削除されたりします。例えば、ある従業員が営業部門から経理部門に異動すれば、顧客情報システムにアクセスする必要がなくなるので、自動的に顧客情報システムのアクセス権が削除され、その代わりに会計情報システムへのアクセス権が付与されます。

　しかし、派遣社員のように人事情報システムの対象となっていない者については、顧客情報システムへのアクセス権を別途付与する仕組みが設けられていることがあります。これが例外処理と言われるものです。派遣社員の業務（契約）期間が終了した場合には、顧客情報システムへのアクセス権を削除しなければいけませんが、それを失念してしまう可能性があります。それは、業務を開始する際には、アクセス権の付与が必要となるのでアクセス権の設定を忘れることはほとんどありませんが、業務が終了した場合には、アクセス権を削除しなくても業務には支障がないからです。

　このように、例外処理は情報セキュリティ対策の盲点になるので、業務プロセスの分析においては、例外処理に注目することが大切です。

◆ 変更管理に注意

　情報システムの運用段階では、保守作業が必ず発生します。プログラムを改修したときなどには、必ずプログラム変更の手続をとらなければなりません。

　システム変更を行なうとプログラムを変更することになるので、事前に影響範囲を分析して、必要なプログラム修正などを行なった後に、その処理が正しく行なわれることを確認してから本番のシステムに移行します。

その際、正常に移行されたかどうかの確認も行ないます。

　プログラム変更のミスによって、請求書の金額ミスが発生したり、ウェブサイトにセキュリティホールが発生して情報が外部から見読できる状況になってしまったりする事故が多く発生しているので、注意が必要です。

　また、データを通常の処理では修正できない場合には、データ変更を直接行なうケースがあります。このような変更は、誤りがあった場合の影響が大きいので、IT部門などでは特に注意して管理（運用）を行なう必要があります。

　このような直接的なデータの変更の管理は、インテグリティ、機密性、可用性の確保の視点から、情報セキュリティ上において重要な課題になっているので、変更管理プロセスのリスクについても十分に検討しなければなりません。

4-3 事業のライフサイクルごとの セキュリティ対策

事業の開始から終了までのフェーズごとに対策を考える

◆ 事業のライフサイクルとは？

　事業を始める場合には、事前にマーケティングを実施し、フィージビリティスタディ（事業やプロジェクトの実現可能性を事前に調査・検討すること）などを行ないますが、このときも情報セキュリティの視点から事業を分析することを忘れてはなりません。事業活動の検討では、ややもすると「何年で黒字化するのか？」といった事業の採算分析に関心が集中してしまい、事業に伴うリスク分析が十分に行なわれないことがあります。しかし、事業を成功させるためには、採算性のほかに、要員の確保、工場や店舗などの建物、物流、必要な情報システムなども検討しなければなりません。

　また、情報システムを利用しない事業はほとんどないので、特に情報システムの構築に際しては、情報セキュリティの視点からリスクを分析しなければいけません。もちろん、コンプライアンス違反が発生しないように検討する必要もあります。

　さらに、事業が安定的な軌道に乗れば、事業内容も安定してビジネスプロセスも安定します。しかし、このような場合でも、事業を進めていく過程で様々な課題が発生します。例えば、組織・体制の変更、取り扱う商品や製造する製品の変更、物流ルートや運搬方法の見直し、従業員の採用・退職・異動、原材料価格の変動など、様々な課題に対応することが求められます。当然のことながら、情報システムの安定運用も求められ、システムの改修、機器のリプレイス、システムの再構築などといった課題も発生します。加えて、新たなサイバー攻撃の手口が生まれれば、それに応じた対応も必要になります。

またさらに、社内外の環境変化によって、事業自体を廃止しなければならない場合もあります。この場合には、当該事業活動で生じたノウハウなど、様々な情報を適切に廃棄しなければいけません。なお、事業の継承が行なわれる場合には、情報システムの移管、データの移管・統合といった情報セキュリティに関係する問題が発生しやすいので、その問題にも適切に対応しなければなりません。

◆ 事業開始時のセキュリティ

事業を開始するときの情報セキュリティについては、次のような点に留意する必要があります。

(1) 事業開始に関する情報保護

新たな分野の事業を開始するという情報は、公表するまで秘密にしておく必要があります。新しい事業計画に関する情報は、特定のサーバに保存して厳格なアクセス管理を行なわなければなりません。また、電子メールでの通信制限や暗号化対策などを講じる必要もあります。

なお、公表後には、このような対策は不要となります。時間軸を考えた情報セキュリティ対策が重要です。

(2) 利用する情報システムのリスク評価

どのような情報システムが構築され、それに関してどのようなリスクがあるのかを分析します。例えば、パッケージソフト、クラウドサービス、SNS、BYOD（Bring Your Own Device）の利用などに伴うリスクを機密性、可用性、インテグリティの視点から分析します。

(3) セキュリティ対策

利用する情報システムのリスク評価の結果を受けて、それに対するセキュリティ対策を検討して実施します。セキュリティ対策自体は直接的な利益を生まないので、ややもすればセキュリティレベルを下げたセキュリテ

ィ対策が講じられるおそれがあるので、注意が必要です。

事業運用時のセキュリティ

　事業が開始され、運用段階に入ると、情報セキュリティの視点からは、次のような点に注意する必要があります。

(1)　セキュリティ対策の運用
　事業開始時に構築されたセキュリティ対策を確実に運用しなければいけません。アクセス管理、バックアップ、ネットワーク監視、ウイルス監視などの対策を計画どおり運用し、運用の結果、明らかになった問題点を適時かつ適切に改善することが重要です。つまり、新事業に関するPDCAサイクルを構築していく必要があります。

(2)　新たなリスクに関する情報収集と対策
　事業の開始時に想定していたリスクに変化がないかどうか、情報収集します。変化がある場合には、それに応じたセキュリティ対策を講じます。

(3)　システムの適切な運用
　システムの運用管理、変更管理、障害管理などを適切に実施しながら、障害の発生状況を監視し、必要な改善措置を講じます。

事業廃止時のセキュリティ

　事業の廃止あるいは移管に伴って、各種データを含む情報資産を適切に廃棄し、または移管するようにしなければなりません。情報セキュリティの視点からは、例えば、次のような点に注意するとよいでしょう。

(1)　不要となった情報資産の廃棄
　事業の廃止や移管に伴って不要となった業務上のシステムやデータなど

の情報資産を確実に廃棄します。廃棄に際しては、管理があまくなりがちなので、十分に注意しなければなりません。

(2) **情報資産の活用**
　活用できる情報資産がある場合には、事業承継先などに移管して活用を図ります。この際に、知的財産の権利を把握し、コンプライアンス違反が生じないように留意します。

◆ 責任者・担当者の明確化が重要

　企業では、様々な事業を行なっていますが、事業がスタートしてから終了するまでの間に、人事異動が行なわれます。人事異動によって、事業内容が適切に引き継がれるとよいのですが、すべての内容が引き継がれるわけではありません。例えば、前任者が管理していた古い情報機器や記録媒体などが事業所の片隅に積まれていたり、古い書類が入った段ボール箱が倉庫に積まれたままになっていたりします。その結果、機器や媒体が紛失したり、誤って書類が廃棄されたりしても、気づかないことがあります。

　こうした事態が発生しないようにするために、事業の責任者・担当者を明確にしておくことが重要です。また、事業の責任者は、情報管理という仕事の重要性や、その情報管理には一定の作業時間がかかることを認識しておくことも必要です。

4-4 会社にマッチした情報セキュリティ強化体制

企業環境や風土を考える

◆ 情報セキュリティ強化体制

　情報セキュリティを強化するためには、まず体制を整備する必要があります。具体的には、情報セキュリティ担当部門（部署）を設置し、情報セキュリティの強化策の立案・実施、各部門の情報セキュリティ担当者の指導・支援、セキュリティ・インシデント発生時の連絡窓口、インシデント対応、経営者への報告手順のルール化などの体制整備を行ないます。

　情報セキュリティ担当部門は、独立した組織として設置してもよいのですが、要員数の制約からIT部門の一組織として設置されることも少なくありません。組織のあり方は、企業の規模や業種などによって異なりますが、重要なことは情報セキュリティ強化を担当する部門（部署）を明確にすることです。

　また、体制の整備に際しては、社内規程などで権限と責任を明確にしなければなりません。権限が明確になっていなければ、各部門に対して指導・指示などができないためです。なお、権限には責任がつきものですが、情報セキュリティに関する責任部門として明確にしておく必要もあります。

　情報セキュリティの強化は、情報セキュリティ担当部門だけでは実施することができません。組織が一丸となって情報セキュリティ強化を推進するためには、経営者から組織の末端の従業員までが情報セキュリティに関する共通意識をもつことが不可欠です。そのためには、各部門に情報セキュリティ責任者を設置して、情報セキュリティ部門からの指示が迅速かつ適切に行き渡るようにするとともに、定期的なコミュニケーションの場を設けることも大切です。

　なお、情報セキュリティ担当役員を配置することも忘れてはなりません。

情報セキュリティ担当役員はなるべく上席の者、例えば副社長などにしたほうが好ましいです。それは、企業などの情報セキュリティへの意気込みを社内外に示す必要があるためです。

◆ 企業文化の理解

　企業などによっては、論理的に仕事を進めていく企業文化をもつケースと、義理人情で仕事を進めていく企業文化をもつケースがあります。そのため、企業文化を認識したうえで、その文化にマッチした情報セキュリティ強化策を講じることが大切です。

　論理的に仕事を進めるような企業文化をもつ企業では、情報セキュリティの必要性を論理立てて説明していくことが有効です。一方、上からの指示をそのまま実践するような企業文化をもつ企業では、セキュリティ対策の理由の説明よりも、何を実践すればよいのかがわかるようにシンプルな指示を行なって情報セキュリティ対策を強化するとよいです。

　また、QC活動といった小集団活動が盛んな企業では、情報セキュリティの強化策について品質管理の一環として改善策を検討させてもよいですし、社長からの指示のほうが有効だと思う場合には、各種会議で社長から指示を行なうようにする方法をとってもよいでしょう。

◆ CSIRT

　CSIRTとは、セキュリティ・インシデントへの対応を実施する組織であり、サイバー攻撃へ適切な対応を迅速に行なうために設置される組織のことです。サイバー攻撃では、特に迅速な対応が求められるので、CSIRTのようなセキュリティ・インシデントに素早く対応できる組織を常設するのが有効です。

　CSIRTは、セキュリティ・インシデントの発生時だけではなく、日常のセキュリティに関する情報収集（脆弱性情報の収集）を行なうとともに、組織内全体に対して注意喚起を行ないます。つまり、CSIRTはサイバー

セキュリティの要となる組織と言えます。

また、CSIRTの担当者には、情報セキュリティに知見のある社員を配置する必要があります。

なお、情報セキュリティ担当部門がCSIRTの機能をもつ場合もありますが、CSIRTと情報セキュリティ担当部門が分かれている場合には、緊密な連携をとるようにすることが大切です。

ERM

企業には様々なリスクがありますが、多種多様のリスクを一元的に管理

■図表4-2　ERMが対象とするリスク（例）

リスクの種類	内容
戦略リスク	戦略目標が達成されないリスク
事業リスク	事業が失敗するリスク
オペレーショナルリスク	業務処理、業務運営が失敗するリスク
財務リスク	財務状況が悪化するリスク
ディスクロージャーリスク	財務報告の虚偽記載のリスクや、リコール、不祥事などの情報開示が適切に行なわれないリスク
市場リスク	為替レートや原材料の市場価格の変動によって損失を被るリスク
法的リスク	法規制などに反するリスク（過失、故意の両方を含む）
ITリスク	システム開発の目的が達成されないリスクやシステム障害などのリスク。「ITガバナンスを確立できないリスク」とも言える
災害リスク	地震、風水害、雷害などの自然災害と、破壊・犯罪・テロなどの人的な災害
風評被害	自社および他社等の風評被害によって自社の事業活動に悪影響を及ぼすリスク
リコール	製品不良による修理、交換などの費用が発生するリスク。風評被害とも関係する
CSにかかるリスク	顧客満足度が低下して事業に大きな影響を及ぼすリスク、顧客対応の失敗なども含む

■図表4-3　情報セキュリティ担当部門とリスクマネジメント部門の連携

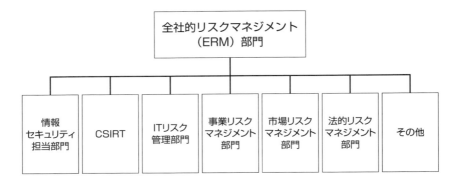

するERM（Enterprise Management：**全社的リスクマネジメント**）に取り組む企業が増えています。ERMでは、企業を取り巻くすべてのリスクを対象として、リスク評価を実施したり、対策の有効性を点検・評価したりします。

ERMで扱うリスクには、前ページの**図表4-2**に示すようなものがあります。

ERMに取り組む企業では、情報セキュリティの強化体制を整備するときに、情報セキュリティ担当部門は、ERMの担当部門や他のリスクマネジメント部門と連携することが重要です（**図表4-3**参照）。

4-5 陥りやすい間違い

自分のことしか考えない対策ではダメ！

◆「情報セキュリティだけを考える」という間違い

　企業活動では、前述のように様々なリスクが存在します。情報セキュリティリスクは、ITリスク（ITガバナンスを実現できないリスク）の1つですが、ITリスク以外にもコンプライアンスリスク、市場リスク、事故・災害など多種多様のリスクがあります。これらのリスクについて別々に対策を講じていたのでは、企業グループ全体としてのリスクマネジメントが有効に機能しません。

　したがって、前節で解説したERMに取り組んでいない企業などの場合でも、情報セキュリティリスクは他のリスクとセットにして考えていく必要があります。

◆「現場・顧客を見ない」という間違い

　有効な情報セキュリティ対策を実施するためには、現場の状況をよく観察して把握することが重要です。理想論だけで情報セキュリティ対策を講じても、それが遵守されないことがしばしばあります。現実的には実施できない場合にそれを強く要求しても、実施されないという事態に陥るおそれがあるのです。

　例えば、開発と運用の「職務の分離」を求めても、少人数のIT部門では、開発部門と運用部門を組織上独立することは難しいでしょう。このような場合には、代替策として、開発とは別の担当者が運用を行なう仕組みにしたり、ログを取得してそれを分析したりするなどの現場の実情を踏まえた対策を講じたほうが有効です。

また、予算がなくて要員を手当てできない場合には、職務の分離が行なわれないことになりますので、その場合には、代替策を提案したり、認めたりすることも必要です。

　さらに、顧客の視点から見て、あまりに厳重なセキュリティ対策を講じてしまうと、顧客は自社のサービスを利用しなくなるかもしれません。例えば、パスワードで用いる英数字、大文字小文字、記号の利用や桁数の増加を図るよりも、ワンタイムパスワードカードを配付したほうが顧客にとっては利便性がよいという可能性もあります。したがって、顧客の視点から見て自社のセキュリティ対策が適切かどうかを検討する必要があります。

◆「できないことをやらせる」という間違い

　繰り返しになりますが、業務実態を考えずに情報セキュリティの強化だけに関心が向いてしまうと、理想論で情報セキュリティ対策を構築しようとしてしまいます。例えば、二重の対策でよい業務でも、三重四重の対策を講じようとしてしまうことがあります。

　実行できないことを従業員に求めても、「情報セキュリティ担当部門は無理難題を押しつけてくる！」と不満を募らせ、セキュリティ対策に対する意識がなくなってしまいかねません。したがって、現実的に実行可能なセキュリティ対策を考えて実行することが重要です。

◆「ITベンダの言いなり」という間違い

　IT人材が不足していると、情報システムの企画・開発・運用・保守などの業務をITベンダに任せたままになりがちです。その場合、IT業務の内容がわからないので、過大なコストを請求されたり、品質の低いサービスの提供を受けたりするかもしれません。

　また、ITベンダの言いなりになってシステム開発を行ない、その開発が失敗して多額の損失を被るケースが後を絶ちません。さらに、セキュリティ機能が適切に盛り込まれない業務システムを開発したり、システム運

用や保守に失敗して外部から社内情報や顧客情報が見読できる状態になってしまったりするケースも発生しています。

そこで、ITベンダと対等に議論ができる人材を確保することが重要になってきます。

加えて、ムダなシステム開発を回避するためには、ITベンダの言うままにシステムを開発するのではなく、システム開発の目的を明確にすることが大切です。

ITベンダに委託する際の留意点は、例えば以下のとおりです。

- 経営戦略との整合性
- 目的の明確性（顧客獲得、コスト削減、納期短縮など）
- システムの活用方法の明確化
- 代替案との比較検討
- セキュリティレベル

4-6 アウトソーシングするときの注意点

責任はアウトソーシングできない

◆ 委託元の責任

　前節でも触れましたが、システム関係業務や情報セキュリティ関係業務をアウトソーシングすると責任も委託先にアウトソーシングしたと勘違いして、業務を任せたままになってしまうことがあります。

　しかし、アウトソーシング先に起因するシステム障害や情報漏えいなどのインシデントが発生した場合には、委託元の責任が問われます。もちろん、損害賠償請求などを行なうことはできても、システムのユーザサイドから見れば、問題を起こしたのは、当該システムを運用している企業になるからです。

　委託元には、システム運用・保守に関する管理責任が問われ、管理の悪い外部委託先に委託していること自体の責任を問われることに注意すべきです。

◆ 委託先の選定

　そこで重要になるのが、外部委託（アウトソーシング）先の選定です。委託先を適切に選定していれば、情報セキュリティ・インシデントの発生可能性を低減することができます。

　通常、委託先の選定では、費用対効果を比較検討して委託費用の安価な委託先を選択することになりますが、その際、情報セキュリティの視点からの検討が不可欠です。

　委託先については、例えば、次のような視点から検討する必要があります。

(1) 財務状況

委託先が事業から撤退したり倒産したりすると、システムを安定的に継続することが難しくなるので、委託先の財務状況が安定しているかどうかが重要です。

(2) 技術レベル

委託する業務を遂行する知識や技術が委託先になければ、システム障害が発生したり、障害対応が適切に実施されなかったりする可能性があります。

(3) 実績

委託する業務と同様の業務を委託先が経験していれば、業務を適切に遂行できる可能性が高いと評価できます。また、社会的に技術力が認められている委託先についても、その実績を評価することができます。

(4) 認証の取得状況

ISO27001、ISMS、ISO20000、ITIL、プライバシーマーク、ISO9001などの認証を受けている委託先は、情報セキュリティ、システム運用、個人情報保護、品質管理などについて、一定レベルの水準にあると評価できます。

(5) 第三者監査（SSAE16、18号監査）

委託先における業務の管理状況や遂行状況などを委託元が直接監査することが難しい場合には、第三者による監査を受けていることを確認することによって、委託先が一定レベルの管理を行なっていると評価することができます。

(6) コスト

業務委託に関係するコストの水準が妥当かどうかを判断します。競争入札、企画競争などの方法によって、コストの妥当性を評価することになり

ます。

(7) データセンターなどの場所（国内、国外）

業務を実施する場所も重要です。委託先の作業場所が災害などの発生可能性の低い場所にあるのか、国内なのか国外なのかについて、自社のニーズに適合しているかどうかを評価します。

(8) 問い合わせ対応時間、障害対応など

問い合わせ対応時間、障害対応、エスカレーションルールなどが自社の要求水準を満たしているかどうかを評価します。この点については、後述の **SLA**（サービスレベル合意）のところでも解説します。

◆ 委託先の監督・指導

業務の委託先において、自社の業務に携わる担当者に対する監督・指導が適切に行なわれているかどうかをチェックする仕組みが必要になります。業務を任せたままにしていると、委託先で業務が形骸化して、ミスが発生する可能性が高まりますし、その担当者の気の緩みなどによって、システム運用ミスや操作ミスが発生することもあります。

そこで、管理者による従業員の監督・指導、情報セキュリティやシステム関連の技術教育の計画的な実施、内部監査の実施による業務の適正性確保など、受託業務を適切に実施するための体制が委託先で整備されていなければなりません。

そのために、委託元は、委託先に対して、従業員の監督・指導の体制を確認するとともに、定期的に監督・指導の実施状況を把握しなければいけません。

例えば、委託先の選定時に監督・指導体制をチェックするだけでなく、月次、四半期ごと、半期ごと、年次など定期的に監督・指導の実施状況を委託先に報告させたりするなどしてチェックするとよいでしょう。

◆ 委託先の定期的評価

　委託先の定期的な評価は、マンネリ化を防止するために有効です。委託先の評価の目的は、評価することではなく、委託した業務の品質を維持向上させることにあります。委託先が複数存在する場合には、評価結果を比較分析して、業務改善に反映させるとよいでしょう。

　具体的には、次のような事項について評価することが考えられます。

---

(1) **システムの稼働状況**
　　障害の発生件数、システム停止時間など
(2) **納期を遵守しているか**
　　納期遅延の発生状況
(3) **業務品質**
　　運用ミス、操作ミスなどの発生状況、障害対応の適切性、変更管理の適切性など
(4) **従業員のレベル**
　　従業員のレベルが低下していないか

◆ SLAが重要

　委託先を評価するためには、その前提となるサービスレベルを明確にする必要があります。委託元と委託先で合意したものがSLA（サービスレベル合意）です。なお、SLAとは、Service Level Agreementの略で、サービスの提供事業者とその利用者の間で結ばれるサービスのレベル（定義、範囲、内容、達成目標等）に関する合意、サービス水準、サービス品質保証などと解釈されています。

　SLAの項目としては、総務省が自治体CIO向けに作成した「自治体CIO育成研修（テキスト）」が参考になります（**図表4-4参照**）。

■図表4-4 SLAを設定する対象(例)

対象	項目	内容
セキュリティ	ファイアウォール	不正アクセスを検出するまでの時間、不正アクセス検出後、通知までの時間
	ウイルス対策	パターンファイル更新までの時間、ウイルススキャンにかかる時間
	情報提供	最新セキュリティ情報を提供する間隔、最新セキュリティ情報を提供する件数
サポートデスク	ヘルプデスク	受付時間、解決率、電話がつながらない確率・時間、コールバックまでの時間
保守	障害対策	対応時間、復旧時間、原因判明率、原因究明までの時間
アプリケーション	アプリケーションの稼動	サービス提供時間、処理完了までの時間、帳票出力までの時間、稼働率、同時接続可能数、バックアップに要する時間、バックアップタイミング、リストアに要する時間、アプリケーション変更に要する時間
ネットワーク	ネットワークの稼動	回線の種類、稼働率、伝送遅延時間、トラフィック管理
ホスティング	ホスティング管理	ID・パスワードの変更に要する時間、公的認証の取得状況、ログ収集の間隔、閾値の監視間隔
ストレージ(データ)	データ管理	世代管理、ディスク負荷率、容量の監視間隔、データベースバージョンアップの方法、バックアップ媒体と保管世代数、バックアップタイミング、バックアップの保存期間、データリカバリの復旧時間

出所:総務省「自治体CIO育成研修(テキスト)」(http://www.soumu.go.jp/main_sosiki/joho_tsusin/top/local_support/pdf/cio_text18_t_18.pdf#search='SLA％E3％81％A8％E3％81％AF')

システム監査をうまく使う

システム監査で幅広く情報セキュリティをチェックする

◆ システム監査とは？

　経済産業省の「**システム監査基準**」によれば、**システム監査**の目的は「組織体の情報システムにまつわるリスクに対するコントロールがリスクアセスメントに基づいて適切に整備・運用されているかを、独立かつ専門的な立場のシステム監査人が検証又は評価することによって、保証を与えあるいは助言を行ない、もって**ITガバナンス**の実現に寄与することにある」とされています。

　簡潔に言えば、ITガバナンスの確立状況を点検・評価し、必要な改善提言を行なうことが、システム監査の目的となります。

　ITガバナンスとは、組織体の目標達成のためにITを活用する仕組みやプロセスのことです。例えば、顧客管理システムを構築することによって、顧客サービスを向上させ、顧客満足度を高めて、売上増加につなげ、その結果、企業の利益目標の達成に貢献することになります。

　このような情報システムを構築するためには、経営戦略やIT戦略に適合したシステム化を目的にすること、ユーザニーズを反映したシステム化を要件にすること、費用対効果を考えてシステム構築を行なうこと、システム運用体制を整備すること、ユーザ教育やヘルプデスクなどのサポート体制を整備することなどが必要になります。こうした仕組みやプロセスがITガバナンスです。

◆ 情報セキュリティ監査とシステム監査

　ITを企業などの組織の目標達成に貢献させる仕組みやプロセスでは、

■図表4-5　情報セキュリティ監査とシステム監査の相違点

項目	システム監査	情報セキュリティ監査
監査の目的	ITガバナンスの確立・維持状況を点検・評価	情報資産のセキュリティの点検・評価
監査対象	情報システム	情報資産（情報システム以外の情報資産も含む）
監査の視点	戦略性、有効性、効率性など幅広い視点	セキュリティ（機密性、可用性、インテグリティ）
監査の判断尺度	システム管理基準 COBIT	情報セキュリティ管理基準 ISO/IEC 27001
その他	情報システムが監査対象となり、記憶や口頭によるコミュニケーションは監査対象外	情報セキュリティ管理基準は、情報システムに関するセキュリティが中心

当然のことながら情報セキュリティを確保することが不可欠です。そのため、システム監査の範囲には、情報セキュリティ監査で行なわれる内容が含まれることになります。

両監査の相違点を**図表4-5**で項目ごとに分けて整理しておきます。

同図表に示したように、情報セキュリティ監査では、機密性、可用性、インテグリティという3つの要素が中心になりますが、ITガバナンスについて監査するシステム監査では、情報セキュリティの3要素に加えて、戦略性、有効性、効率性、コンプライアンスというように視点が広範囲に及びます。

◆ 情報セキュリティの確立にシステム監査を活用する

経済産業省の「**情報セキュリティ監査基準**」では、情報セキュリティ監査の目的は「情報セキュリティに係るリスクのマネジメントが効果的に実施されるように、リスクアセスメントに基づく適切なコントロールの整備、運用状況を、情報セキュリティ監査人が独立かつ専門的な立場から検証又は評価して、もって保証を与えあるいは助言を行うこと」と定義されてお

■図表4-6　情報セキュリティとITガバナンスの関係

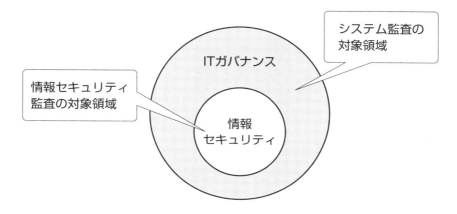

り、情報セキュリティに関係するリスクだけを対象にしています。一方、システム監査は、前述のように、情報セキュリティの3要素を含む幅広い視点から監査を実施するので、システム監査を実施することによって、情報セキュリティについても点検・評価するようにしたほうが効率的かつ効果的です。

なぜなら、情報システムは、情報セキュリティだけが確保されていればよいわけではなく、システム化の目的の達成状況、ユーザの操作性、費用対効果など幅広い視点から点検・評価する必要があるからです。このような考え方は、例えば、健康診断の人間ドックに似ています。レントゲン検査、身長体重の検査、血液検査などをバラバラに実施していたのでは、体のどこに問題があるのかを把握することは難しくなるため、人間ドックが普及しているのです。これに加えて、いまでは脳ドックなど様々なオプションがあり、健康状態を幅広い視点から点検・評価することが可能になっています。

したがって、情報セキュリティを契機にして、ITガバナンスへと範囲を拡大して、企業などにおける情報システムの健全性を高めることが有益です（**図表4-6**参照）。

4-8 情報セキュリティ対策にかけるコストは?

主体的にコスト水準を決める

◆ 情報セキュリティ対策コスト

　情報セキュリティ対策には、様々なコストがかかります。情報セキュリティの強化だけに関心が集中して、対策に要するコストのことを忘れないようにしなければなりません。

　情報セキュリティ対策のコストは、情報システムのコスト(情報システムにかかるコスト)と同様に考えればよいのです。情報システムのコスト

■図表4-7　システムコスト項目（例）

項目	内容
ソフトウェア	・アプリケーションソフト ・ミドルウェア ・保守費（バージョンアップ、パッチ当て等）　など
ハードウェア	・サーバ、パソコン、その他機器 ・電磁媒体（バックアップなど） ・保守費（故障対応、定期点検等）　など
ネットワーク	・通信回線 ・LAN（有線、無線） ・通信機器　など
要員	・開発要員 ・運用要員（ヘルプデスクを含む） ・保守要員　など
ファシリティ	・データセンター ・サーバ室 ・通信機器室 ・空調設備 ・電源設備 ・入退室管理システム、監視カメラ、センサー　など
その他	・入出力業務 ・教育・研修費　など

には、例えば、**図表4-7**に示すようなものがありますが、このうち情報セキュリティに関係するコストを情報セキュリティ対策コストとして把握します。

◆ 情報セキュリティ対策コストの把握の難しさ

とはいえ、情報システムのコストの中から情報セキュリティ対策コストを把握することは簡単なようで、じつは結構難しいものです。例えば、サーバのコストでは、サーバの冗長化部分（バックアップサーバやハードディスクのミラーリングなど）は情報セキュリティ対策コストになります。また、システム運用要員についても、システム障害対応の作業と、通常の運用・監視業務に関係する作業を区分することが必要になります。

このように1つのコスト項目を複数に区分するためには、原価計算の手法（原価配賦）が必要です。作業時間を作業項目別に把握・集計して、情報システムの運用コストと、情報セキュリティ対策コストに配賦（按分）します（**図表4-8**参照）。例えば、自動車を購入したときに、エアバッグ

■ 図表4-8　情報セキュリティ対策コストの分類方法

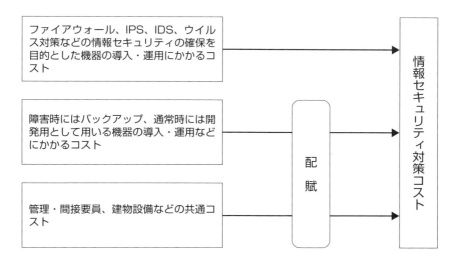

やABS（アンチロック・ブレーキング・システム）のコストは、セキュリティ対策コストとして区分して把握するようなイメージです。

このように、情報セキュリティ対策コストを把握することは理論的には可能ですが、どの程度詳細に把握するかについては、コスト分析に関わる費用対効果を勘案して行なう必要があります。

◆ 情報セキュリティ対策の運用

情報セキュリティ対策の運用を継続していくためのコストがかかることも忘れてはなりません。ファイアウォール、IPS、IDSなどの機器の保守費用が必要になりますし、それらの機器が安定稼働しているかどうかを監視する業務の経費も必要になります。

また、ウイルス対策ソフトをはじめ、セキュリティ対策ソフトのバージョンアップなどの保守費や、データセンターを自社で設置・運用していくためには、侵入監視装置、入退管理システムの運用・保守などのコストもかかります。

このように情報セキュリティ対策の運用を維持していくためには、運用・保守コストが必要になりますので、その運用・保守コストの妥当性を考えて情報セキュリティ対策を講じなければなりません。

◆ 情報セキュリティ対策コストの水準

情報セキュリティについて、どの程度コストをかければよいのかと質問されることが少なくありません。コストは、自社が抱えているリスクを評価したうえで、情報セキュリティ対策の費用対効果を分析して決定することになります。とはいえ、そもそもITコストをどの程度かければよいのかについても悩む企業などが多いと思いますので、ITコストの中のセキュリティ対策コストをどうすればよいのかはさらに難しい問題だと言えます。

そのような場合には、視点を変えて、情報セキュリティ対策をどの程度

実施すればよいのかを考えるとよいです。情報セキュリティ対策の水準については、独立行政法人情報処理推進機構（IPA）が実施している「**情報セキュリティ対策ベンチマーク**」を利用して設定するのもよいでしょう。

　なお、IPAは、情報セキュリティ対策ベンチマークについて「組織の情報セキュリティ対策の取組状況（27項目）と企業プロフィール（19項目）を回答することにより、他社と比較して、セキュリティ対策の取組状況がどのレベルに位置しているかを確認できる自己診断システムです。診断時の回答項目は、ISMS認証基準（JIS Q 27001：2006）附属書Ａの管理策をベースに作成しており、ISMS適合性評価制度を用いるよりも簡便に自己評価することが可能です」と説明しています（http://www.ipa.go.jp/security/benchmark/benchmark_20161027.html）。

　セキュリティ対策コストの把握が難しいとは言っても、投資額や運用コストが多額なものについては、簡易な方法でもよいので、それらのコストを試算しておくのが好ましいでしょう。

第5章

リスク評価とリスク対応

リスク評価とリスク対応は
どのように進めればよいのか?

5-1 守るべき情報資産を洗い出す

情報資産管理台帳を作成しよう！

◆ 情報資産管理台帳による一元管理

　情報セキュリティは、情報資産の機密性、可用性、インテグリティを確保することを目的としているので、まず、守るべき情報資産を明らかにしなければなりません。

　情報資産は、社内あるいは企業グループ内の至る所に存在するので、まず、どこにどのような情報資産があるのかを把握します。情報セキュリティ担当部門が中心になって、社内各部門に情報資産を把握させ、第1章の1-4でも述べた**情報資産管理台帳**を作成することによって、一元的に管理することになります。

　各部門では、情報セキュリティ担当部門の指示に従って、情報資産を把握しますが、この際に「言われたから情報資産を把握する」という消極的な態度ではなく、情報セキュリティを確保するために重要な仕事なのだという意識をもつことが大切です。

　特に各部門長は、部門全体として情報資産を把握するように部内の社員などを指導することが肝要です。

◆ 情報資産の洗い出しのポイント

　情報資産の洗い出しを行なう際に注意しなければならないことは、厳密にやり過ぎないということです。真面目な社員ほど、このような落とし穴にはまってしまうケースが散見されます。例えば、顧客リストを例に挙げて考えてみましょう。

　顧客リストというように帳票の種類で捉えればよいのですが、○○年4

月分の顧客リスト、5月分の顧客リスト…のように月次に細分化してしまうと、情報資産管理台帳に記載する情報資産の分量が膨大になってしまい、業務負荷が増大し結果として、情報資産管理台帳の更新を行なわなくなってしまうからです。

◆ 情報資産管理台帳の意味

　情報資産管理台帳は、「作成すれば、それで終わり」というものではありません。あくまでも情報資産管理台帳の作成が情報セキュリティのスタートになるのです。情報資産管理台帳は、守るべき情報資産を明らかにしたものなので、情報資産がどのような状態にあるのか、あるべき場所（サーバやキャビネットなど）にあるべき方法（パスワード保護、暗号化、施錠など）で保護されているかどうかをまめに確認しなければ意味がありません。

　したがって、情報セキュリティ担当部門をはじめ、各部門長は、情報資産管理台帳を日ごろから活用して情報資産を適切に取り扱うように、社員などを監督・指導することが大切です。

◆ 保存期限も重要

　情報資産管理台帳によって、情報資産の保存期限を明確にしておくことも重要です。なぜなら、不要になった情報を適切に廃棄するためにも保存期限の明確化は必要ですし、データ容量や保存スペースの削減にもつながるからです。

5-2 リスクは右脳で考える

全体像をイメージで把握する

◆ チェックリスト方式による管理の限界

　チェックリスト方式により情報資産を管理する方法があります。情報セキュリティポリシーや規程をベースにして、遵守すべき事項をチェック項目にして、情報資産管理の状況を管理するという方法がチェックリスト方式による管理です。

　チェックリスト方式による管理は、わかりやすくなっており、誰でもこれを使えば情報資産の管理状況、つまり情報セキュリティの確保状況を確かめることができます。

　しかし、チェックリストに依存し過ぎてしまうと、「チェックリストで定めていることだけを遵守すればよい」というように考えてしまいます。すなわち、チェックリストで定めた項目の意味を考えずに、定められた項目を形式的に守ることだけを考えてしまうのです。これがチェックリスト方式の落とし穴です（**図表5-1参照**）。

■**図表5-1　チェックリスト方式の落とし穴**

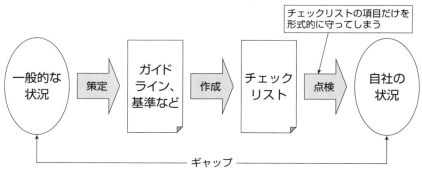

リスクは図で洗い出す

　情報資産を取り巻く状況を図に描いて、情報セキュリティに関係するリスクを洗い出す方法があります（**図表5-2参照**）。例えば、アクセス権付与のプロセスを図に描いて把握すれば、どこにどのようなリスクがあるのかがわかりやすくなります。

　また、ネットワーク構成図やシステム構成図を活用して、どこにどのようなリスクがあるのかを洗い出してもよいでしょう。サーバには、不正アクセスや障害などのリスクがあり、パソコンには、盗難や紛失のリスクがあります。外部からのアクセスポイントがあれば、不正アクセスやウイルスの侵入といったリスクがあります。

　さらに、事務所などの設計図面を活用すれば、不正侵入のリスクや、事務所内の書類、図面の紛失・盗難リスクも洗い出すことができます。

　チェックリストによるリスクの洗い出しが左脳でリスクを考えるとすれ

■**図表5-2　リスク図によるリスクの把握（例）**

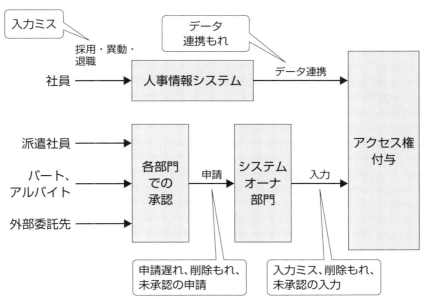

ば、リスク図でリスクを洗い出すことが右脳でリスクを考えるということになります。

　加えて、危険予知運動（KYT）のトレーニングで、図を使ってどこにどのようなリスクがあるのかを考えさせる方法があります。これと同じように、情報セキュリティに関係するリスクを図で洗い出すようにすれば、情報セキュリティに馴染みのない人でも、その図をもとにリスクが理解しやすくなり、情報セキュリティ対策を納得して実施することができます。

> **Column　営業リスクも図で理解する**
>
> 　情報セキュリティのリスクを図で理解すると説明しましたが、営業リスクについても同様です。例えば、顧客のニーズを図にまとめて、それにうまく応えられないリスクを洗い出すようにしたらどうでしょうか。
>
> 　例えば、市場を取り巻く競合他社を図で整理して、他社がどのような強みをもっているのか、どの製品・サービス領域をターゲットにしているのかを整理して、自社のめざすべき領域、ターゲットを明確にしてもよいでしょう。
>
> 　それらの実現を阻害するリスクを図に落とし込めば、弱い知識やスキル領域を明らかにすることができ、それに対する研修・教育計画や、人事異動計画を立てるといったリスク対策を適切に行なうことができます。

5-3 リスクに対する想像力が重要

リスク洗い出しのコツは想像力

◆ 人によって異なる「リスク認識力」

　情報セキュリティリスクに対する認識は、人によってかなり異なります。目の前にリスクがあっても、それをリスクとして認識しない人が少なくありません。

　例えば、書類が机の上に置いてあったら、どのように考えるでしょうか。そのような場合、第三者が書類をもっていってしまうかもしれませんし、机の下に落ちて不要なものとして廃棄されてしまうかもしれません。あるいは、書類に記載している内容を第三者がのぞき見して、外部に漏らしてしまうかもしれません。

　リスク認識力は、リスクに対する想像力と言ってもよいかもしれません。そのままにしておくと、どのような事態になるのか、善人ばかりではなく、悪意をもった者もいるかもしれないし、出来心で悪いことをしてしまうかもしれません。常に想像力を働かせて状況を見つめることが大切です。

◆ 見えにくい情報セキュリティリスク

　情報セキュリティリスクの認識度が人によって異なるのは、情報システムが見えにくいことに起因しています。パスワードで保護していなくても、あるいはウイルス対策をしていなくても情報システムを利用することができます。

　例えば、交通事故というリスクは、対向車が右折するのではないか、路地から飛び出しがあるのではないか、ということを考えて認識します。それが簡単にできるのは、自動車や道路は現実のものとして見えているから

です。

　しかし、情報セキュリティリスクは、不正アクセスされてシステムに侵入されても気づかなかったり、ウイルスに感染して情報が外部に流出したりしていても気づかないことが多いのです。

　繰り返しますが、情報セキュリティ対策を適切に実施するためには、情報セキュリティリスクを社員に認識させなければいけません。そのためには、経営者や管理者がまず情報セキュリティリスクを正しく認識しなければなりません。

Column　リスク認識力の磨き方

　情報セキュリティリスクに関する認識力を向上させるためには、日ごろから不正アクセス、サイバー攻撃、ウイルス感染、システム障害などの情報を収集することが重要です。社外のセミナーなどに参加したり、セキュリティベンダから情報を入手したりすることも必要です。

　そして、収集した情報を参考にして、「自社では大丈夫だろうか？」と想像し、早めに問題点を解決しておくとよいでしょう。

5-4 リスク評価の方法

リスクは発生可能性と影響度で算出する

◆ リスクの大きさ

　第1章の1-4でも説明したように、リスクの大きさは、影響度（損失の大きさ、損害額）と発生可能性の掛け算で把握することが一般的です。例えば、次のようなリスク評価の対象ごとに、影響度と発生可能性を評価して、その積でリスクの大きさを決めます。

> (1) **リスク評価の対象**
> 　事業部、部門、業務（例：営業、生産、物流、調達、人事、経理）、テーマ（例：個人情報、ネット通販、ホームページ）　など
> (2) **リスク評価項目**
> 　システムの投資額・運用コスト、売上高、従業員数（パート、アルバイト、派遣社員を含む）、顧客数、取引件数、事業内容、カントリーリスク　など

　リスクの大きさを把握するときには、まず評価対象となるリスクの抽出の仕方がポイントになります。また、影響度は必ずしも金額換算できるとは限りませんし、発生可能性も厳密に評価できませんので、両者について3段階から5段階で評価するのが一般的です。

◆ 固有リスクと残余リスク

　情報セキュリティリスクは、セキュリティ対策を講じる前の**固有リスク**と、セキュリティ対策を講じた後の**残余リスク**に区分することができます

■ 図表5-3　固有リスクと残余リスク

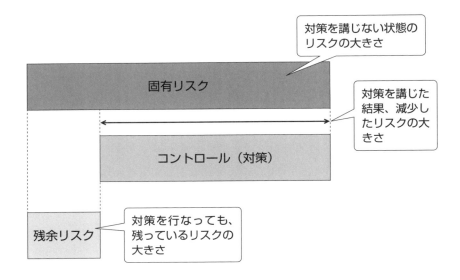

（図5-3参照）。

　リスク評価は、固有リスクと残余リスクの両方について実施します。固有リスクが大きい場合には、そのリスクに注意を払うことが重要になり、小さい場合にはさほど気にしなくてもよいかもしれません。残余リスクが大きい場合にも同様です。ただし、固有リスクと残余リスクの差分に注意しなければいけません。

　固有リスクが大きくて残余リスクが小さい場合には、そのリスクに対するコントロールが重要になりますので、担当者はそのコントロールを確実に実施しなければなりません。また管理者は、そのコントロールが確実に実施されているか常日ごろから確認することが重要です。

5 脆弱性検査とは何か?

ソフトウェアやシステムの弱い部分を探す

脆弱性検査とは?

脆弱性検査は、簡潔に言えば、情報システムの脆弱性を点検するための検査のことです。

独立行政法人情報処理推進機構(IPA)は、脆弱性検査について「ソフトウェアやシステムに対して脆弱性がないかどうかを検査するものである。脆弱性検査をする目的は、ソフトウェアやシステムにある脆弱性を低減することにある。脆弱性検査をすることでソフトウェアやシステムをリリースする前に予め脆弱性があるかどうかを検査して、判明した脆弱性を修正したり、現在稼働しているシステムの脆弱性の有無の状況を確認し、対処方法を適用したりする」と説明しています(独立行政法人情報処理推進機構セキュリティセンター「脆弱性検査と脆弱性対策に関するレポート〜組織で提供するソフトウェアの検査と組織内のシステムの点検のための脆弱性検査を〜」2013年8月8日、p.5)。

ここで、「監査」という用語を使用しないで、「検査」という用語を用いていることに着目するとよいでしょう。監査は、仕組みやプロセスを点検・評価するものですが、検査は、仕組みやプロセスをチェックするのではなく、ある機能やコントロールがあるかどうかをチェックするものなので、両者は異なります。

◆ 脆弱性検査のポイント

あなたが情報セキュリティを担当することになったら、脆弱性検査を実施するように指示されるかもしれません。また、自分自身で脆弱性検査の

実施を企画しなければならないこともあるでしょう。

脆弱性検査では、例えば、次のようなことがポイントになります。

- 脆弱性検査を定期的に実施すること
- 脆弱性検査の対象の網羅性が確保されていること
- 技術力のある委託先に脆弱性検査を委託すること
- 脆弱性の結果、判明したリスクに対して対応策を講じること

当然のことながら、管理者や経営者は、脆弱性検査の意義を認識したうえで、予算を確保して脆弱性検査を実施させ、必要な改善策を講じさせるようにしなければなりません。

脆弱性の点検が不十分で問題になった事例

複合機やプリンターのセキュリティ対策（脆弱性の点検）が不十分で、複合機やプリンターのIPアドレスを入力すれば、内容が読めるようになっている大学が多数存在し、セキュリティ上、大きな問題となりました。

5-6 ペネトレーションテストとは何か?

不正侵入に耐えられるシステムか検査する

◆ ペネトレーションテストとは?

　ペネトレーションテストとは、情報システムに対する侵入テストであり、疑似攻撃テストのことです。独立行政法人情報処理推進機構(IPA)は、ペネトレーションテストについて「脆弱性等を利用して実際に公開しているサーバや組織のネットワークへ侵入できるかどうかを検査する手法である。他のセキュリティ検査とは異なり、ペネトレーションテストは、今あるシステムが本当に攻撃された場合、どのような被害が想定されるかを実際の攻撃に近い形で実施し、被害がどの程度想定できるのかを明らかにする検査である」と説明しています(独立行政法人情報処理推進機構セキュリティセンター「脆弱性検査と脆弱性対策に関するレポート〜組織で提供するソフトウェアの検査と組織内のシステムの点検のための脆弱性検査を〜」2013年8月8日、p.17)。

　つまり、脆弱性検査がOSのパッチ当てや管理者用の初期パスワードの変更などを検査するのに対して、実際の攻撃に近い形で情報システムを攻撃するテストを行なうのがペネトレーションテストです。なお、ペネトレーションテストには、情報システムの脆弱な部分のチェックも含まれます。

◆ ペネトレーションテストのポイント

　一般の企業などでは、ペネトレーションテストは情報セキュリティベンダに委託するので、情報セキュリティを担当することになっても実際にそのテストを担当者が自ら実施することはありません。念のため、ペネトレーションテストを実施あるいは委託するときのポイントは、次のとおりで

す。

- 定期的に実施すること
- ペネトレーションテストの対象の網羅性が確保されていること
- 技術力のある委託先に脆弱性検査を委託すること
- ペネトレーションテストの結果、判明したリスクに対する対応策を講じること
- 本番システムへの影響を考慮してペネトレーションテストを実施すること

　当然のことながら、管理者や経営者は、ペネトレーションテストの意義を認識したうえで、予算を確保して適切なペネトレーションテストの実施と、必要な改善策を講じていくことになります。

◆ ペネトレーションテストの内容

　ペネトレーションテストでは、例えば、次のような攻撃が擬似的に行なわれるので、知識として覚えておくとよいでしょう。

- パスワード攻撃
- DoS（サービス不能）攻撃
- 特殊なパケットによる攻撃
- ウェブサーバ、ウェブアプリケーションの脆弱性を突いた攻撃

　このように様々な攻撃を擬似的に実施して、情報システムのセキュリティが確保されているかどうかを確かめます。なお、新しい手口の攻撃が日々出現していますので、ペネトレーションテストも新たな手口の攻撃に対応する新しい手法を用いてテストされています。

5-7 幅広い視点からITリスクを捉える

ITリスクは様々なリスクと関連する

◆ ITリスクとは？

　ITリスクの捉え方は、人によって異なります。ITリスクと言うと、情報漏えいをイメージする方もいれば、不正アクセス、システム障害をイメージする方もいるでしょう。また、システム開発の失敗（開発遅延、コスト増等を含む）やシステムが有効活用されないことをイメージする方もいます。ITリスクには、機密性にかかるリスク、可用性にかかるリスク、インテグリティにかかるリスク、効率性にかかるリスク、IT投資にかかるリスクなど様々なものがあります。

　ITリスクは、事業や業務遂行にかかるリスクと密接な関係があります。例えば、システム障害が業務遅滞や停止につながったり、データの入力ミスが大きな問題になったりします。データ入力ミスは、システムによるデータチェックの不備が原因のこともありますが、単に入力するデータを間違えたことが原因のこともあります。データ入力ミスをITリスクと考えてもよいですが、業務遂行上のリスク（オペレーショナルリスク）と捉えることもできます。

　つまり、ITリスクか業務遂行上のリスクかどうかを議論することは、実務上あまり意味がありません。ITリスクを限定的に捉えることによって、企業などのリスクマネジメントが適切に行なえない可能性があるので、ITリスクを幅広く捉えることが重要です。

◆ 幅広くITリスクを捉える方法

　ITリスクを幅広く捉える方法の1つとして、前述のように、右脳でIT

リスクを考える方法があります。例えば、新システムによって、どのようなビジネスプロセスになるのかを示したイメージ図を作成するなどです。こうした図があれば、それを見ながら、どこにどのようなリスクがあるのかを分析することができます。

また、情報セキュリティ管理基準やシステム管理基準に示されたコントロール（管理策）を読みながら、当該コントロールがどのようなITリスクを想定しているかを検討したり、さらには公表されている情報セキュリティ・インシデントを収集して、ITリスクを考えたりするのもよいでしょう。

以上のように、多様な方法でリスクを洗い出せば、自社に該当するリスクを幅広く識別することができます。

◆ ERMとの連携

ITリスクを幅広く捉えるためには、企業などにおけるリスクを一元的に管理する**ERM**（**全社的リスクマネジメント**）にITリスクの管理を組み込み、連携させるのもよいでしょう。

ERMは、企業などを取り巻く様々なリスクを一元的に管理していくので、ITリスクを含めてリスクの見落としを少なくすることができますし、ITリスクかそうでないかの議論も行なう必要がなくなります。

また、管理部門も一元化され、経営者に直接報告する体制や社内の各部門との連携を行なう体制が整備されるので、ITリスクも管理しやすくなります。

5-8 リスク対応の定石

覚えておきたい予防・発見・回復対策

◆ リスク対策の考え方の定石

　リスクに対するコントロール（対策）の考え方には定石があります。この定石を理解しておかなければ、偏った対策を講じることになり、対策の実効性が薄れてしまうことがあります。

　リスク対策の定石としては、**予防**、**発見**、**回復**の3つの対策があります。これは、リスクの発生を時間軸で考えて、リスクが発生する前に行なう対策、リスクが発生したときにそれを識別（検知）する対策、発生後の対応策の3つで考えるというものです。

　もう1つの定石としては、**物理的**、**技術的（論理的）**、**管理的**といった対策の方法により分類するという考え方です。例えば、建物・設備・什器などの物理的な対策としては、施錠管理がその代表的な対策です。また、パスワード、生体認証などの技術を用いた技術的対策や、警備員による入館チェック・巡回といった管理的対策があります。

◆ 対策のバランスが重要

　リスク対策（コントロール）は、次ページの**図表5-4**に示したように、予防、発見、回復対策と、物理的、論理的、管理的対策のマトリクスで考えると、バランスがとれた対策になります。このように、マトリクス表を作成することによって、コントロールの脆弱な部分を容易に把握することができます。

　管理者や担当者は、常にマトリクス思考で情報セキュリティ対策を考えるようにするとよいでしょう。特に管理者は、マトリクス思考でリスク対

■図表5-4　マトリクスによる情報セキュリティ対策の把握

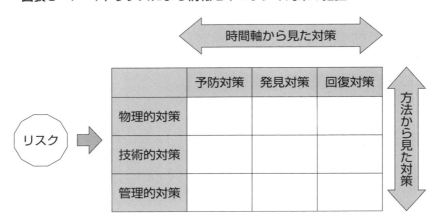

策を監督・指導することをお薦めします。

◆ コントロールのもう1つの分類

　リスクに対してすべて対策を講じる必要は必ずしもありません。そこで、次のような視点でコントロール（対策）を分類して、リスクを回避したり、受容したりする方法があります。

(1)　**回避**

　リスクの発生可能性が高く、かつ影響度が高い場合に選択されるリスク対策です。例えば、地震のように発生した場合の損失が非常に大きく、かつ発生可能性が高い場合に、地震の発生可能性や損失が小さい場所に事業所を建設させる対策などです。

(2)　**低減**

　リスクの発生可能性もリスクの損失もそれぞれ中程度以上の場合に採用するリスク対策です。例えば、リスクの発生可能性を減少させる対策や、リスクが顕在化したときの損失を減少させる対策などです。

(3) 移転

リスクの発生可能性が小さいものの、リスクが顕在化したときの損失が大きい場合にとられるリスク対策です。例えば、火災保険や自動車保険などに加入する対策や、様々なヘッジ取引を行なう対策などです。

(4) 受容

リスクに対して特にリスク対策を講じないで、リスクを受け入れるという対応で、リスクの発生可能性もリスクが顕在化した場合の損失も小さい場合に選択されます。

> **Column　リスクの受容も重要**
>
> すべてのリスクに対して何らかの対策を講じなければならないという思い込みはしないほうがよいでしょう。リスクへの対策（コントロール）には、コストがかかります。小さなリスクに対して過大なコストをかけて対策を講じるのは、意味がないことです。
>
> リスク評価を適切に行なって、リスクが小さいことを確認できれば、リスクを受容（リスクテイク）することも重要です。ただし、リスクの過小評価を行なわないようにすること、リスクの状況をモニタリングすることを忘れないようにしましょう。

第6章

一人ひとりの実践がポイント

みんなで情報セキュリティ対策を実践する

6-1 リスク対策を実施するのは従業員

うっかりミスで情報漏えいが発生

◆ リスク対策を「絵に描いた餅」にしない

　リスク評価を実施しリスク対策を講じても、それを実践しなければリスクを低減することはできません。例えば、パスワードによる保護を規程やマニュアルで定めていても、それを実践しなければパスワード設定をルール化していないことと同じです。

　日本年金機構における情報漏えい事件でもファイルにパスワード設定をすることになっていましたが、それを実施していないために問題になりました。ファイルごとにパスワード保護を行なうことは煩雑で、面倒なためにそれを実施しない職員が現れてしまったのです。

　そこで、煩雑さを低減してリスク対策が確実に実践されるようにするためには、例えば添付ファイルをメールで送信するときにパスワードが自動的に付与されて保護されるようなシステムを導入したり、ファイルを自動的に暗号化してサーバに保存するシステムを導入したりすることになります。

◆ リスク対策はすべて自動化できない

　様々な情報セキュリティ製品（ツール）が提供されていますので、リスク対策を自動化することが可能になっていますが、すべてのリスク対策を自動化できるわけではありません。また、セキュリティ製品の設定を適切に行なわなければ、リスク対策の効果は出ません。

　そこで大切なことは、従業員一人ひとりの「情報セキュリティを守ろう」という意識です。

◆ セキュリティを意識した行動

　例えば、来客も乗るエレベータの中や、居酒屋あるいは電車の中で仕事の話をしてもよいのでしょうか。

　筆者もときどき、こうした場面に遭遇しますが、社外秘の話はもちろん、そうでなくても仕事の話を社外の人が耳にするような場所でしたら都合が悪いのではないかと思うことがあります。

　また、仕事の書類などが入った鞄を電車の網棚に載せたビジネスパーソンを見かけたときには、その鞄を忘れないだろうかと心配になることもあります。なお、警視庁の統計によれば、2015年度の拾得物3,782,037件のうち145,937件（3.9％）が鞄類でした。

　こうした行動については、企業などの社員向けの行動基準や情報セキュリティ規程などで定められている場合もありますが、そのような場合でも、すべての行動について事細かに定めているわけではありません。

　そこで重要となるのが、自分の行動は、情報セキュリティの視点から見て、問題がないかと常日ごろから意識することです。

◆ 小集団活動やCSAを活用する

　品質管理のために、**小集団活動**（QCサークルなど）を実施している企業が多いですが、これを情報セキュリティにも適用して、従業員のリスクに対する意識を高めるとともに、リスク対策の改善につなげるとよいでしょう。

　また、**CSA**（Control Self Assessment：**統制自己評価**）と呼ばれる方法もあります。これは、業務の関係者が集まって、実際に業務を実施している担当者自身がリスクやリスク対策（コントロール）の状況を評価する方法で、自律的なリスクマネジメント体制を構築するためにリスクマネジメントの専門家が活用しています。この方法によっても、従業員一人ひとりの意識を高め、リスク対策の改善につなげることができます。

6-2 パソコンの管理

なくならないパソコンの盗難・紛失

◆ パソコンの盗難・紛失防止

　企業などでは、オフィスに設置されているパソコンの盗難や紛失を防止するために、パソコンをワイヤーで固定する方法が一般的に採用されています。そのため、パソコンを移動するときには、ワイヤーを固定している鍵を外す必要があります。

　このような対策で注意しなければならないのは、ワイヤーを固定している鍵の管理です。なぜなら、誰でもわかる場所に鍵を保管していたのでは、施錠固定していないのと同じことになるためです。

◆ パソコンの棚卸

　パソコンの盗難・紛失を防止する対策としては、前述の情報資産管理台帳や情報機器管理台帳などに基づいて、パソコンが存在しているかどうかを定期的にチェックするのが有効です。

　日常利用しているパソコンの紛失・盗難には気づきやすいと思いますが、予備のパソコンについては紛失・盗難にあっても気づくのが遅くなってしまうことがあるので、そのような予備のパソコンについても定期的なチェックが重要です。

◆ 紛失・盗難を前提とした対策

　特に、モバイルパソコンは、紛失や盗難による被害の可能性をゼロにすることができません。そのため、紛失や盗難を前提とした対策を講じるこ

とになります。例えば、次のような対策が考えられます。

---

(1) パスワードによる保護

　パソコンを利用する際にパスワードを求める対策です。

(2) ハードディスクの暗号化

　ハードディスクを暗号化して、保存された情報を読めないようにする対策です。

(3) BIOSのパスワード保護

　BIOS（Basic Input Output System）は、パソコンの電源を入れたときに、OSに管理が移る前の段階で、パソコンに接続しているキーボード、マウス、CPU、ハードディスクなどの管理や制御を行なうもので、これにパスワードを設定する対策です。

Column　パソコンや書類の扱いは顧客がチェックしている

　会社の営業担当者は、商品・サービスの知識や、セールストークをいかに向上させるかに関心をもつことが少なくありません。

　しかし、情報機器、電子媒体、帳票などの取り扱いについて、顧客から見られていることを忘れてはなりません。情報機器や媒体などの管理を適切に行なっていれば、顧客が安心して仕事を頼んでくれる可能性が高くなりますし、反対に、いい加減な管理を行なっている会社には、仕事を依頼する気にならない可能性が高くなります。

　営業担当者は、顧客から常に自分のことをいろいろな視点から見られているという意識をもつことが重要です。

6-3 書類やデータの管理

一枚紛失しても大騒ぎ

◆ なくならない書類の紛失

　企業などによっては、事業の性質から社外に書類や伝票をもち出さなければならないケースもあります。前でも触れましたが、社外に出ると強風のときもあるので、書類などが飛ばされるリスクがなくなりません。書類や伝票を外部にもち出す限り、書類や伝票の紛失の可能性をゼロにすることはできないのです。

　書類などの紛失が必ずしも情報の漏えいにつながるわけではありませんが、例えば、金融機関において顧客に関する書類の紛失が問題になったケースでは、「誤って廃棄したと考えられる」と説明していることが少なくありません。この「考えられる」という表現からも、廃棄したかどうかを明確に断定することはできないものの、外部に書類をもち出して紛失した可能性もないので、情報漏えいの可能性が低いことを主張したいのだろうと推察します。

◆ 書類の把握が出発点

　書類の管理を適切に行なうためには、どのような書類がどこにどのような方法で保管されているかを把握しなければなりません。また、その対策を講じる場合には、誰がどこでどのような書類をどのように取り扱っているかを把握する必要があります。

　そのために役立つのが、前述の情報資産管理台帳です。情報資産管理台帳を見れば、どのような書類がどこにどのような方法で保管されているのかがわかります。この台帳を見ながら、定められた書類の責任者が、定め

られたとおりに書類を取り扱っているかをチェックするのがよいでしょう。

　また、従業員は自分が担当している書類があるかを認識しておかなければいけませんし、管理者は誰が担当しているのかを把握し、担当者に何を行なうべきかについて認識させなければなりません。

◆ 書類のリスク対策

　書類のリスク対策には、次のように書類の作成（取得）から廃棄までのプロセスを把握して考える必要があります。

---

(1) **作成**
- 書類の正確な作成（ダブルチェック）
- 作成時の紛失防止・発見対策（通し番号）
- 第三者の閲覧防止
- 他部署との授受簿の利用

(2) **利用**
- 業務目的内での利用
- 無断複製の禁止（複製できない用紙）
- 利用時の記録（セキュリティキャビネット、記録簿）
- クリップボードやクリアファイルなどの利用

(3) **保管**
- 保管書類の記録（何枚、何冊、何箱あるか）
- キャビネットへの施錠保管
- 定期的な棚卸

(4) **廃棄**
- シュレッダーの利用
- 廃棄業者への委託（リサイクル）
- 廃棄書類の確認
- 顧客への返送

書類管理の不備が問題になった事例

　ある会社で、従業員の採用に応募した就職希望者の履歴書について、不採用としたため返却すべきところ、誤って他者の履歴書が送付されたという新聞への投書がありました。

　この事例では、書類の発送管理に問題があったと考えられます。このようなケースは、公表されていなくても多くの企業で発生しているものと考えられます。

Column 紛失を防ぐファイルの管理方法

　書類をファイルして、キャビネットなどに保管しておくことがあります。このような場合には、ファイルが1冊紛失しても気づかないことがあります。

　そこで、ファイルの背表紙に下図のように線を引いておくと、紛失したかどうかを簡単に発見することができますし、書類を年月順などに整理することが容易になります。

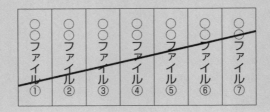

6-4 スマホやタブレット端末はどうすればよいか？

もち出し管理が重要

◆ スマホやタブレット端末をもち出すときの注意点

　スマホやタブレット端末は可搬性に優れていることから、社外など外部にもち出して使用されることが多いはずです。また、社内においても会議室などにもち込んで使用されることが少なくありません。

　このようにスマホやタブレット端末を利用していると、当然のことながらそれらの紛失のリスクが高くなります。

　したがって、タブレット端末などを入れた鞄は、自分の手から離さないようにしなければなりません。ある企業では、電車内では鞄を網棚に置かずに手にもつように指導したり、座席に座った場合には必ず膝の上に鞄を置くように指導したりしています。

◆ 紛失・盗難を前提とした対策

　上記のように気をつけていても、スマホやタブレット端末は、紛失や盗難の被害から逃れることはできません。そこで、紛失や盗難を前提とした対策を講じることになります。例えば、次のような対策が考えられます。

(1) **パスワードによる保護**
　スマホやタブレット端末を利用する際にパスワードを求める対策です。
(2) **暗号化**
　スマホやタブレット端末に保存されているデータを暗号化して、保存された情報を読めないようにする対策です。

(3) リモートワイプ (remote wipe)

　スマホやタブレット端末の紛失・盗難にあった場合に、遠隔地から操作して、スマホやタブレット端末に保存されているデータを削除する対策です。ただし、通信が行なえる状態でないと、このリモートワイプは機能しません。

◆ BYODの対策

　第2章の2-2でも述べたように、**BYOD**（Bring Your Own Device）とは、個人のスマホやタブレット端末などを業務に利用することで、従業員が複数のスマホやタブレット端末をもつ必要がなくなり、企業などにとってもコスト削減につながることから注目を集めています。

　しかし、適切なセキュリティ対策を講じていなければ情報漏えいや不正アクセスなどが発生するリスクがあります。

　スマホやタブレット端末には様々な機種があり、従業員も多様な機種、多様なバージョンのものを利用しています。また、スマホやタブレット端末に導入しているソフトも様々です。

　そのため、BYODを採用する場合、企業などが求める水準のスマホやタブレット端末を指定し、水準に満たないスマホやタブレット端末の利用を制限しなければならないという課題があります。

　また、前述のリモートワイプ機能を利用するのもセキュリティの面では有効ですが、その場合、従業員のプライベートのデータも消去されてしまうので、企業などのコスト負担と従業員個人に及ぼす影響を十分検討したうえで、従業員に周知して理解を得ておくことが不可欠です。

5 SNSに注意!

SNSをめぐる事件が頻発

◆ SNSに関連したセキュリティ事件

　SNSをめぐる事件としては、成田空港の土産物店を利用した某俳優のクレジットカードの写真を店員らがツイッターに投稿した事件があります（2013年9月21日公表）。この事件の経緯は、土産物店に勤務していた派遣社員の店員がスマホで某俳優を撮影し、別の店員ら8人にLINEで送信し、そのうちのアルバイトが、カード番号の一部や署名が写った写真画像をツイッターに投稿したところ、ツイッター上で非難されたため、約20分後に投稿を削除したというものです。

　また、公務員が東日本大震災の復興に関するコメントをSNSに投稿したことによって問題になった事件もありました。この事件では、匿名でコメントを投稿していましたが、他の情報と関連づけることによって、投稿者が特定されたため、投稿者の身元が判明して問題になりました。

　このように、SNSに投稿した内容が大きな社会問題に発展することがあるので、企業などにとっても従業員のSNSの利用について十分に注意を払わなければいけません。

◆ SNSにかかるリスク

　SNSにかかるリスクは、次ページの**図表6-1**のように整理できます。このようなSNSのリスク対策については以下で説明します。

■図表6-1　SNS利用にかかるリスク

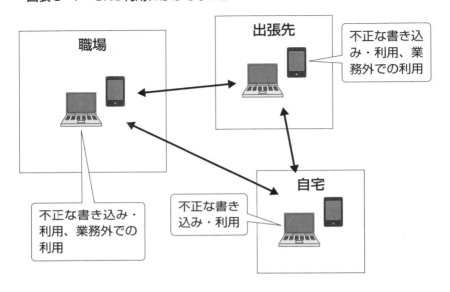

◆ SNSのリスク対策

　SNSのリスク対策として最も重要なのは、SNSの利用に関して従業員を適切に監督・指導することです。なぜなら、SNSを社内で利用することは、セキュリティソフトを用いてアクセス制限を行なうというような技術的（論理的）な対策を講じることができますが、最終的にはSNSを利用する人間の問題だからです。

　SNSのリスク対策については、例えば次のようなものが考えられます。

- 情報セキュリティポリシー、就業規則での明確化
- SNSの利用方針、利用マニュアルの策定（業務との関係の明確化、やってもよいこと、悪いこと、注意点）
- 教育の実施（網羅性、情報倫理教育）
- インターネットの巡回（自社に関係する風評が発生していないか）

◆ インターネットの巡回監視

　どの企業などでも、インターネットの掲示板などで自社に関する書き込みが行なわれることが少なくありません。

　その書き込みの多くは、顧客や従業員からの自社に対する不満や噂話などです。例えば、誹謗中傷など、その書き込みの内容によっては、その企業の事業に影響を及ぼす可能性があり、組織として対策を講じなければならないことがありますので、インターネットを定期的に巡回して監視する必要があります。

　このようなインターネットの巡回監視サービスは、様々なベンダから提供されていますので、そのようなサービスの利用を検討するのもよいでしょう。

◆ 対策も考えておく

　インターネット上で自社に関する苦情などが発見された場合の対応策も考えておかなければなりません。苦情への対応を適切かつタイムリーに実施したことによって、問題の拡大を抑えた企業もありますし、反対に失敗して問題が大きくなってしまい、事後の対応に苦慮した企業もあります。

　問題を発見したら、管理者へ報告するだけではなく、役員や社長にも報告し、指示を仰ぐなどのエスカレーションルールを定めておくとよいでしょう。また、真摯な態度で苦情などに対応していくことも忘れてはなりません。

6 紛失・盗難に遭ったらすぐ報告

失敗を前提とした対策づくりが重要

◆ 紛失・盗難に遭遇したとき

　前でも述べましたが、どのように注意していてもパソコンやタブレット端末の紛失や盗難を完全には防止することはできません。そこで、紛失時や盗難時の適時な連絡が不可欠となります。従業員には、紛失・盗難が発生したら速やかに上司と情報セキュリティ担当部門に報告させることが重要です。

　管理者は日ごろから部下に対して、紛失・盗難時の連絡についての指導を徹底しておかなければなりません。また、紛失・盗難の発生時には、部下を叱責することよりも、事後対応に注力することを忘れてはいけません。

◆ 第一報が重要

　情報セキュリティ対策でよくある失敗は、経営者への報告を正確に行なうために時間をかけ過ぎてしまうことです。それを回避するためには、まず第一報をすぐに入れて、詳細についてはその後に報告するというルールを定めておく必要があります。

　また、従業員などはパソコンや書類などの紛失に気づくと、たいていは上司に報告する前に何とか見つけ出そうとします。すぐに見つかるかもしれないと考えて捜してしまうのですが、気がつくと何時間も経ってしまい上司に報告しにくくなるという事態に陥ります。

　そこで、従業員に対して、紛失したと思ったらすぐに上司などに第一報を入れるように日ごろから指導し、風通しのよい組織にすることが大切です。

6-7 ウイルスに感染したらどうすればよいか?

担当部門への連絡、被害拡大防止がポイント

◆ 情報セキュリティ担当部門への連絡

　ウイルス感染に気づいたら、パソコンからLANケーブルを抜いてネットワークの接続を遮断し、情報セキュリティ担当部門に連絡しなければなりません。ウイルスに感染したパソコンとネットワークとの接続を遮断するのは、社内へのウイルス感染拡大を防ぐためです。なお、ネットワークとの接続を外したパソコンの電源は切らずにそのままにしておきます。

　その後は、情報セキュリティ担当部門から以下のように、どのような対応を行なえばよいのかについて具体的に指示されるはずですので、その指示に従って対応することになります。

◆ 感染時の対策

　上記のウイルスに感染したパソコンとネットワークとの接続を遮断した後には、次のような対策を講じることになります。

- ウイルスのパターンファイルを最新の状態にしたウイルス対策ソフトを用いて、感染したパソコンについてウイルススキャンを行ないます。このスキャンを行なうことによって、ウイルスが削除されます。
- 上記のウイルススキャンがうまくいかない場合には、ウイルス対策ソフトのメーカーに連絡して必要な対処方法を相談します。
- また、必要な場合には、独立行政法人情報処理推進機構（IPA）の「情報セキュリティ安心相談窓口」に連絡します。この窓口は、ウ

イルスおよび不正アクセスに関する技術的な相談を受け付けています。
- ウイルス感染の届出をIPAに対して行ないます。

◆ バックアップを忘れずに

　ウイルスに感染してしまって、データが読めなくなったときに備えて、データやソフトウェアのバックアップを忘れずに取得しておくことが重要です。バックアップは、サーバやパソコンが故障したときだけに役立つわけではありません。ウイルスに感染した場合の、システムの復旧にも役立ちます。

　ある会社では、ランサムウェアに感染してしまいましたが、バックアップを利用して何とか復旧できました。もちろんウイルスに感染しないことが大切ですが、万が一、感染してしまった場合の準備をしておくことも忘れないようにするべきです。

6-8 自宅のパソコンの管理

自宅のセキュリティ対策も忘れずに！

◆ ウイルス対策ソフト

　ウイルス対策ソフトの導入は、家庭用のパソコンでも必須の対策です。パソコンの購入時にすでにインストールされていることが多いのですが、最初のお試し期間中は無料でそのソフトを使用できる場合があります。お試し期間が終了すると、正式な契約に切り替える必要がありますが、これを行なわないとウイルスソフトが機能しなくなります。ただ、ウイルスソフトが機能しなくても、パソコンの操作自体は普通に行なえるので、そのまま気にしないでパソコンを使用していて感染してしまうということになりかねません。

　したがって、ウイルス対策ソフトが正常に機能するように、期限切れになっていないかなど、注意が必要です。

　また、ウイルス対策ソフトを導入する場合、ウイルスパターンファイルを最新版に更新することはもちろん不可欠ですが、定期的にパソコン全体のウイルススキャンを行なう必要もあります。

◆ 最新OSの利用

　WindowsなどのOSについては、日々様々な不具合が発見され、それに対応するための修正ソフト、つまりパッチ当てがベンダから提供されています。パッチ当てのすべてを適用する必要はないことから、企業などでは、パッチ当ての情報を常にチェックして、自社の環境で必要なパッチ当てのみを適用することになります。

　なお、自宅で使用する個人が所有するパソコンでは、このような検討を

する必要性は少ないので、OSを最新の状態にしておけるように、自動更新に設定しておくとよいでしょう。

◆ パスワードによる保護

　パソコンを利用する際には、パスワードを入力しなければ利用できないようにしておくのが好ましいです。また、パソコンにソフトウェアをインストールするときにパスワードの設定を行なうことも忘れないようにします。機種によっては指紋認証の機能を活用するのも効果的です。

◆ バックアップの取得

　自宅でパソコンを個人的に使用している場合、企業などで利用しているパソコンとは異なり、バックアップ機（代替機）を用意する必要性は低くなります。しかし、パソコンに保存されているデータのバックアップを取得することは忘れずに実施する必要があります。それは、パソコンの故障などによってデータを見読できなくなった場合に備えるためです。例えば、毎週日曜日に実施するというように、バックアップの取得を生活習慣の中に組み込むことをお薦めします。

◆ 怪しいソフトをインストールしない

　出所（作成者）が不確かなソフトウェアはインストールしないようにしなければなりません。このようなソフトウェアには、ウイルスが組み込まれているリスクがあるからです。
　例えば、パソコンに遠隔操作ウイルスをダウンロードさせた高校生が逮捕された事件がありました。
　この事件では、オンラインゲームを自分に有利なように動作させる不正プログラム（不正なソフト）に見せかけて、遠隔操作ウイルスをダウンロードさせるという手口でした。不正なプログラムをダウンロードすること

自体も問題ですが、こうしたプログラムには別のリスクが潜んでいるということを再認識させられました。

◆ IPA「パソコンユーザのためのウイルス対策7箇条」

　独立行政法人情報処理推進機構（IPA）では、パソコンのユーザ向けに「**パソコンユーザのためのウイルス対策7箇条**」を公表しています。ここまで述べてきた事項も含めて、ポイントをわかりやすくまとめているので、**図表6-2**で紹介します。

■**図表6-2　IPA「パソコンユーザのためのウイルス対策7箇条」**

条文	内容
1．最新のウイルス定義ファイルに更新しワクチンソフトを活用すること	新種ウイルスに対応するために、最新のウイルス定義ファイルに更新したワクチンソフトで検査を行うことが肝要。ウイルス定義ファイルの更新にあたっては、ワクチンベンダーのWebサイトを定期的にチェックするなどし、最新のバージョンを確認しておくことが重要である。また、プリインストールされているワクチンソフトは、機能が限定されている場合もあるので、製品版にアップグレードすること
2．メールの添付ファイルは、開く前にウイルス検査を行うこと	受け取った電子メールに添付ファイルが付いている場合は、開く前にウイルス検査を行う。また、電子メールにファイルを添付するときは、ウイルス検査を行ってから添付する
3．ダウンロードしたファイルは、使用する前にウイルス検査を行うこと	インターネットからファイルをダウンロードした場合は、使用する前にウイルス検査を行う。また、ユーザに被害を与えるプログラム（国際電話やダイヤルQ2に接続するプログラムなどで、ワクチンソフトで発見できない可能性が高い。）が潜んでいる場合があるので、信頼できないサイトからのファイルのダウンロードは避ける

4.	アプリケーションのセキュリティ機能を活用すること	マイクロソフト社のWordやExcelのデータファイルを開くときに、マクロ機能の自動実行を無効にするなどのアプリケーションに搭載されているセキュリティ機能を活用する。また、メーラー、ブラウザのセキュリティレベルを適切（中レベル以上）に設定しておくことにより、被害を未然に防ぐことができる
5.	セキュリティパッチをあてること	基本的なウイルス対策を行っていても、セキュリティホールのあるソフトウェアを使用していると、ウイルスに感染してしまうことがある。例えば、電子メールの添付ファイルの自動実行を許してしまうメーラーのセキュリティホールは、ウイルス感染被害を著しく増大させる可能性がある。このようなセキュリティホールは、頻繁に発見されているので、使用しているソフトウェア（特に、メーラー、ブラウザ）に関してベンダーのWebサイトなどの情報を定期的に確認し、最新のセキュリティパッチをあてておくことが重要である
6.	ウイルス感染の兆候を見逃さないこと	下記のような兆候を見逃さず、ウイルス感染の可能性が考えられる場合、ウイルス検査を行う 1．システムやアプリケーションが頻繁にハングアップする。システムが起動しない 2．ファイルが無くなる。見知らぬファイルが作成されている 3．タスクバーなどに妙なアイコンができる 4．いきなりインターネット接続をしようとする 5．ユーザの意図しないメール送信が行われる 6．直感的にいつもと何かが違うと感じる
7.	ウイルス感染被害からの復旧のためデータのバックアップを行うこと	ウイルスにより破壊されたデータは、ワクチンソフトで修復することはできない。ウイルス感染被害からの復旧のため、日頃からデータのバックアップをとる習慣をつけておく。また、アプリケーションプログラムのオリジナルCD-ROM等は大切に保存しておく。万一、ウイルスによりハードディスクの内容が破壊された場合には、オリジナルから再インストールすることで復旧することができる

出所：独立行政法人情報処理推進機構 セキュリティセンター「パソコンユーザのためのウイルス対策7箇条（リニューアル版）」2008年2月7日更新

第7章

情報セキュリティ監査の受け方

監査社会に対応できるスキルも必要

7-1 情報セキュリティ監査はどのように行なわれるのか？

監査の手順を理解すれば上手に監査に対応できる

◆ 情報セキュリティ監査とは？

前述のように、経済産業省の「**情報セキュリティ監査基準**」によれば、情報セキュリティ監査の目的は「情報セキュリティに係るリスクのマネジメントが効果的に実施されるように、リスクアセスメントに基づく適切なコントロールの整備、運用状況を、情報セキュリティ監査人が独立かつ専門的な立場から検証又は評価して、もって保証を与えあるいは助言を行うことにある」とされています。

情報セキュリティ監査は、情報セキュリティに関するマネジメントが適切に行なわれているかどうかを、第三者が点検・評価するものです。監査の視点は、情報資産（情報、アプリケーションシステム、ハードウェア、ネットワーク、要員など）について、情報セキュリティの3つの要素（機密性、可用性、インテグリティ）が確保されているかどうかを点検・評価することです。

◆ 脆弱性検査やペネトレーションテストとの違い

脆弱性検査やペネトレーションテストは、情報セキュリティのうちの特定部分を対象にして点検・評価するもので、具体的にはサーバやパソコンの脆弱性や、外部あるいは内部からの攻撃への対応能力を検査するものです。これに対して、情報セキュリティ監査は、情報資産のセキュリティを適切に保護する仕組みやプロセスが有効に機能しているかどうかを点検・評価するものです。

監査と検査の違いについて普段は意識しないことが多いと思いますが、

検査では、特定領域について定められたこと（例えばパッチ当て）が行なわれているかどうかをチェックするのに対して、監査では、マネジメントやプロセスをチェックするという点で、両者に大きな違いがあります。例えば、脆弱性検査では、OSへのパッチが当てられていないことだけを指摘しますが、情報セキュリティ監査では、なぜパッチが当てられていなかったか、その原因がどこにあるのか、再発防止をするためにはどのような対策を講じるべきかなどについても確認および検討されることになります。

情報セキュリティ監査の実施者

　情報セキュリティ監査は、外部に委託して実施される場合と、社内の内部監査部門などが実施する場合があります（**図表7-1**参照）。

　また、ISO27001やISMSの認証を取得している場合には、マネジメントシステムの一環として内部監査が行なわれたり、さらにはマネジメントシステムの審査機関により審査が行なわれたりすることもあります。このようなマネジメントシステムの内部監査や審査も、広い意味での情報セキュ

■**図表7-1　情報セキュリティ監査の実施者**

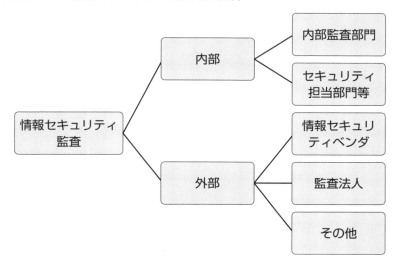

リティ監査と言えます。

情報セキュリティ監査の手順

　情報セキュリティ監査は、**図表7-2**に示すような流れで行なわれます。まず監査計画を立案し、それに従って予備調査を実施します。次いで、予備調査の結果を踏まえて監査手続書（何をどのように確かめるかを記述したもの）を作成し、それに基づいて監査手続（本調査：往査を含む）を実施します。そして、上記の監査手続で発見された事実に基づいて、指摘や改善提言を記載した監査報告書を作成します。

　その後、監査対象部門が監査報告書の改善提言に対する回答書を作成し、経営者に提出します。なお、実際には内部監査部門を経由して経営者に報告されることが多くなります。

　また、**図表7-2**中に示したフォローアップとは、監査報告書で記載された改善提言が適切に実施されているかどうかを確かめる業務のことです。

■図表7-2　情報セキュリティ監査の手順（プロセス）

◆ 情報セキュリティ監査の技法

　情報セキュリティ監査の技法としては、経済産業省の「**情報セキュリティ監査手続ガイドライン**」が参考になります。このガイドラインは、被監査組織が「情報セキュリティ管理基準（平成20年改正版）」に基づいて個別管理基準を策定した際に、個別の詳細管理策をどのように監査するかを監査手続の形式で記述したものです（**図表7-3**を参照）。

　監査を実際に受ける際には、監査人がこのような手法で情報セキュリティ監査を実施することを理解したうえで、監査に臨むとよいでしょう。

■図表7-3　「情報セキュリティ監査手続ガイドライン」の監査技法

監査技法	定義と説明	補足
質問 （ヒアリング）	マネジメント体制又はコントロールについての整備状況又は運用状況を評価するために、関係者に対して口頭で問い合わせ、説明や回答を求める監査技法	・文書による問い合わせを含む ・必要に応じて被監査主体の外部委託先への問い合わせも含む ・質問結果の食い違いに注意 ―複数の担当者又は管理者に対しするヒアリングで信憑性を高める ―他の監査技法と組み合わせて食い違いの原因を明確にする	
閲覧 （レビュー）	マネジメント体制又はコントロールについての整備状況又は運用状況を評価するために、規程、手順書、記録（電磁的な記録も含む）等を調べ読む監査技法	・職務分掌規程、職務権限規程、情報セキュリティポリシー、情報セキュリティ関連規程、運用手順書、各種申請書類（IDの付与、アクセス権の付与など）、システム上の設定値、システムログなど ―客観性は高いが、改ざんに注意 ―複数の文書類の突き合せや、質問との併用が必要	・文書（規程類）の閲覧 ・管理策が実施された結果として出力される台帳、帳票、ログなどの確認

観察 (視察)	マネジメント体制又はコントロールについての整備状況又は運用状況を評価するために、監査人自らが現場に赴き、目視によって確かめる監査技法	・運用担当者が運用手順書に従った操作を実際に行っていることを、監査人自ら直接に把握し、その妥当性や適否を判断する ・監査人が目視によって確かめるため、証拠力は強い ・厳密には観察した時点のみについての証拠力しかもたないことに注意 －都合の悪い部分は見せていないかもしれない －運用の全てを観察することは困難	・管理策が実際に運用されている環境、状況、振舞いの確認
再実施	コントロールの運用状況を評価するために、監査人自らが組織体のコントロールを運用し、コントロールの妥当性や適否を確かめる監査技法	・例えば、カードによる入室管理が行われている場合、アクセス権が付与されていないカードを利用し、監査人自らがエラーとなることを確かめること等が再実施にあたる ・監査人が自ら運用してみるため、証拠力は強い ・厳密には再実施を行った時点のみについての証拠力しかもたないことに注意 －たまたまそこだけ問題なかったのかもしれない －全てのコントロールを運用してみることは困難	

出所：経済産業省「情報セキュリティ監査手続ガイドライン」2009年7月

7-2 いろいろある情報セキュリティ監査

監査の種類によって監査手法も異なる

◆ いろいろな監査人が情報セキュリティに関心をもつ

　情報セキュリティについては、内部監査人、外部監査人（公認会計士）、監査役、監督当局、情報セキュリティベンダ、コンサルタントなどが関心をもっています。それぞれの監査の中で情報セキュリティについて質問をしたり、書類をレビューしたり、システムを点検したりしてセキュリティ対策の実施状況を確かめます。

　情報セキュリティ監査を受ける際には、監査を実施する立場によって見方が異なりますので、監査の目的や監査の実施者を把握して、監査に対応するとよいでしょう。

◆ 内部監査人による情報セキュリティ監査

　内部監査は、経営改善や業務改善を目的としていることから、情報セキュリティを経営管理、業務管理や業務処理の視点から適切かどうかを確かめます。その際、経営目標を実現するうえで情報セキュリティ上の問題がないかを点検することになります。また、情報セキュリティ対策が効率的に行なわれているかどうかも重要な監査の視点です。さらに、「監査」であることから、情報セキュリティの維持・向上に関わる仕組みやプロセスが有効かどうかも確かめます。

◆ 情報セキュリティベンダによる情報セキュリティ監査

　情報セキュリティベンダによる情報セキュリティ監査は、情報セキュリ

ティ管理を対象に監査を実施する場合と、システムの脆弱性検査やペネトレーションテストといった検査（監査ではなく検査）を実施する場合に大別できます。

情報セキュリティ管理の監査では、ISO27001などの基準に照らし合わせて情報管理の仕組みやプロセスが構築されているかを確かめます。ここで、内部監査で実施する情報セキュリティ監査との違いは、情報セキュリティ対策の効率性や経営にとっての有効性については監査しない点にあると言えます。なお、脆弱性検査やペネトレーションテストは、検査ツールを利用したり、あるいは手作業により検査が行なわれます。

◆ 公認会計士による情報セキュリティ監査

公認会計士は、財務報告（財務情報）の信頼性を点検・評価することが使命なので、財務情報に関係する情報資産のセキュリティが確保されているかどうかについて関心をもちます。したがって、情報セキュリティ対策の費用対効果（効率性）や財務情報に関係しない情報システムは守備範囲外になります。

◆ 監査役による情報セキュリティ監査

監査役は、取締役の執行状況をチェックすることが使命なので、取締役が情報セキュリティの体制を整備し、リスクを適切に評価し、必要な対策を講じるように監督・指導しているかどうかを確かめます。経営者が適切な情報セキュリティ対策を講じるように執行部門を監督・指導しているかどうかがポイントになります。

7.3 間違った情報セキュリティ監査への対応

監査の目的を理解して監査に対応する

◆ 監査人の目的を理解しない

　繰り返しになりますが、情報セキュリティの監査を実施する者（監査人）によって、関心事がそれぞれ異なりますので、監査される側は、どのような監査が実施されるのかを認識して、監査人のニーズにあった対応を行なうとよいでしょう。

　監査の目的を理解しないで、どのような監査に対してもワンパターンな監査対応を行なってしまうと監査人は納得しませんので、監査が非効率に行なわれ、監査対応の負荷が増大してしまいます。したがって、情報セキュリティ監査に適切かつ効率的に対応するためには、監査の種類と目的を理解し、監査人が何を求めているのかをしっかり認識して対応することが肝要です。

◆ 嘘をつく

　やってもいないセキュリティ対策を講じていると説明しても、監査人にはすぐに見抜かれてしまいます。嘘をつく人だと監査人に評価されてしまうと、どのような説明をしても監査人が納得しなくなります。また、事実関係を確かめることに時間を要してしまうので、監査対象部門の負担が増えてしまいます。

　監査人は、担当者の説明に矛盾がないか、説明を意図的に省略していないか、上司の顔色をうかがって説明していないか、資料の記載内容に誤りや疑わしい点がないか、資料の内容と担当者の説明内容に矛盾がないかなど、様々な視点から監査を行ないますので、些細なことでも嘘をつくと見

破られてしまうことがほとんどです。また、嘘をついていること自体がコンプライアンス上の問題にもなるので、監査を受ける側の人は誠実に対応することが重要です。

◆ 口頭説明だけで乗り切ろうとする

　監査人の仕事は、情報セキュリティ管理を適切に実施していることを証明することです。証明するためには、その裏づけが必要となりますが、口頭での説明だけでは証拠能力が弱いので、証明することは難しくなります。つまり、証明するためには証拠能力（証明力）の強さが問題になるので、口頭ではなく文書で説明できるようにするのがポイントです。

◆ 監査は指摘ではなく改善が目的

　情報セキュリティ監査は、問題点を指摘することが目的ではなく、情報セキュリティを改善することが目的です。人から指摘されることには非常に強い抵抗感をもつ方も少なくないでしょうが、最終的には、企業などの情報セキュリティを維持向上するために行なわれていることを理解する必要があります。監査対応や監査報告で気分を悪くしても、結果としてセキュリティ・インシデントの発生を予防できると考えればよいのではないでしょうか。

　かなり以前の話になりますが、あるメーカーのデータセンターの監査で、監査人がケーブルや機器を梱包していたダンボールが乱雑になっていることを指摘しました。その直後に火災が発生し、もし監査人の指摘を無視して不要なケーブルや段ボールを片づけておかなければ、延焼して大変な事態になるところだったということです。データセンターの担当者から大変感謝された、という話をその監査人本人から聞きました。

7-4 取引先も監査にやってくる

業務委託元はどのように監査を行なうのか？

◆ 拡大する業務委託とリスク

　企業などでは、販売業務、受付業務、システム関係業務、データ入力業務、警備業務、清掃業務、運送業務など、業務の外部委託（アウトソーシング）が拡大しています。この外部への業務委託で留意しなければいけないのは、委託元は委託した業務が適切に実施されているかどうかを確かめる責任があるということです。業務委託においては、**図表7-4**および**図表7-5**に示すようなリスクがあります。

■図表7-4　業務委託プロセスから見た情報セキュリティリスク

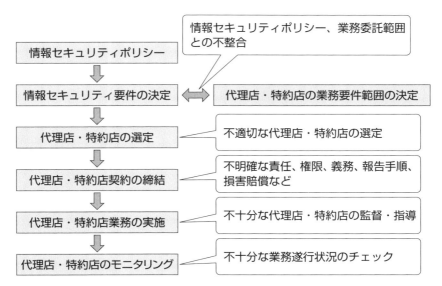

出所：拙著『リスク図による情報セキュリティ監査の実践』同文舘出版、2006年、p.191を一部修正

■図表7-5　業務委託の関係から見た情報セキュリティリスク

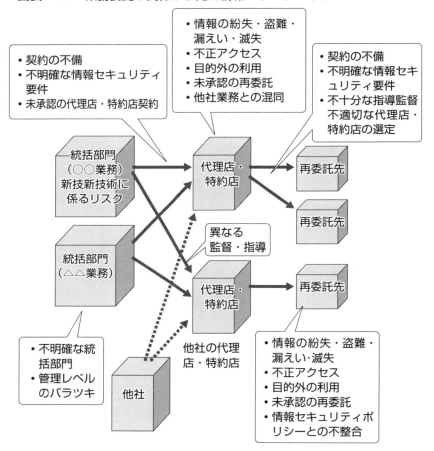

◆ 業務委託先に対する監査

　業務の委託元では、委託した業務が委託先で適切に実施され、書類の紛失、誤入力、処理、情報漏えいなどのセキュリティ・インシデントが発生しないような体制で業務が行なわれているかどうかを点検しなければなりません。そこで、通常の業務管理とは別に、委託元の内部監査部門が委託先に出向いて、情報セキュリティ管理の状況を点検・評価する場合があり

ます。

 ## 業務委託における監査項目

業務委託に関する監査では、例えば、次のような項目について監査が行なわれます。

- 契約内容のチェック
- 現地の視察
- ログ分析（情報システムの利用状況分析）
- 業務内容（成果物、サービスの品質、納期など）のチェック
- 契約終了時の扱い
- 外部委託による業務効率の向上
- 伝票・帳票などの管理状況

業務委託先については、特に現地の視察、業務内容のチェックを中心に監査が行なわれます。なお、委託元の情報システムを利用して委託業務を委託先が実施している場合には、当該情報システムのアクセスログを分析して、異常なアクセスが行なわれていないかどうかもチェックされます。

7-5 親会社も監査にやってくる

親会社の内部監査部門はどのように監査を行なうのか？

◆ グループ経営の重要性

　昨今では、グループ経営や連結経営が経営管理として重要になっていますが、情報セキュリティについてもグループ経営・連結経営の視点が不可欠です。グループ会社（子会社やグループ傘下の会社）で情報セキュリティ・インシデントが発生すると、「○○会社のグループ会社で情報漏えいが発生した」というように、グループ会社の名前ではなく、親会社の名前が表に出て情報漏えい事件が報道されます。

　そこで、親会社には、グループ会社を含めて情報セキュリティ対策を構築し運用していくことが求められています。

◆ 攻撃者は弱い部分を狙う

　グループ会社では、一般的に、人的な問題やコストの問題もあり、親会社のように情報セキュリティを担う人材が十分に確保されているわけではありません。数十人、数百人のグループ会社も少なくないので、情報セキュリティ人材どころかIT人材すら確保が難しいのが現状です。つまり、グループ会社は、親会社に比べて情報セキュリティ体制が脆弱になる傾向にあります。

　一方、攻撃者の立場から見ると、情報セキュリティ体制が充実している親会社を攻撃するよりも、情報セキュリティ体制の脆弱なグループ会社のほうが攻撃しやすいはずです。攻撃側は自由に攻撃目標を設定できることを認識したうえで、グループとしての情報セキュリティ体制の強化を図ることが重要です。

> **Column　なぜ子会社は狙われるのか？**
>
> 　子会社のウェブサイトが不正アクセスされて情報漏えいが発生する事例が少なくありません。親会社に比べてITの管理体制が脆弱なことが一因と言えます。子会社で情報漏えいが発生すると、親会社の名前が公表されるので企業イメージがダウンするおそれがあります。攻撃者は、セキュリティ対策の弱い部分を狙うので、子会社などグループ会社の情報セキュリティには注意が必要です。

◆ 親会社による情報セキュリティ監査

　上記のような背景もあり、親会社は、グループ会社の情報セキュリティ監査を行なうことになります。そして、親会社の情報セキュリティポリシーに準じて、グループ会社各社が情報セキュリティポリシーを策定し、情報セキュリティ管理体制を構築、運用しているかどうか、親会社の内部監査部門が監査を実施します。

　グループ会社としては、親会社の内部監査部門による情報セキュリティ監査の目的が、親会社が定めた情報セキュリティポリシーに準じて情報セキュリティ管理を実施しているかどうかを点検・評価することにあるので、親会社の情報セキュリティポリシーに従っていることを裏づける資料などを提示しながら親会社から来た監査人に対して説明を行なうとよいでしょう。

　グループ会社は、親会社とは異なる事業を行なっていることも多く、そうした場合には、当該事業における情報セキュリティに関わるリスクの特徴や、必要となるリスク対策を論理的に説明します。特に規制の強い事業では、どのような規制が行なわれているのかを法令や業界ガイドラインなどを用いながら的確に説明するのがよいでしょう。

7-6 監査人の癖を見る

監査人の癖に応じた対応も重要

◆ 監査人には癖がある

　繰り返しになりますが、情報セキュリティ監査に限らず監査人には、得意分野や監査の視点に特徴や癖があります。例えば、ハードウェアやネットワークの情報セキュリティについて関心の高い監査人、業務システムのセキュリティについて関心の高い監査人、BCPやバックアップに関心の高い監査人など様々です。

　監査を受ける側は、こうした監査人の特徴や癖を認識したうえで、それぞれの監査人に合わせて情報セキュリティの実施状況を説明するとよいでしょう。

◆ 監査人の知識・スキルを見る

　わが国の企業などでは、ジョブ・ローテーションによって、内部監査部門に異動になることが少なくありません。そのため、監査人の監査に関する知識やスキルにはバラツキが出てきます。ベテランの監査人と経験の浅い監査人では、監査の深さが異なります。

　リスクやコントロールに関する知識を十分に有する監査人に対しては、リスクをきちんと説明し、リスクに対するコントロールの有効性を適切に説明すれば、情報セキュリティの状況を正しく判断してもらうことができます。

　これに対して、経験の浅い監査人や情報セキュリティに関する知見の少ない監査人の場合には、説明の方法を工夫したほうが現状を正しく理解してもらいやすいでしょう。

7 「論より証拠」がポイント

口で言っても監査人は納得しない

◆ 証拠の重要性

　前述のように、監査人の仕事は「証明すること」にあります。そこで、監査人に対して説明するときには、必ず裏づけとなる証拠を示すことが重要です。

　監査人が利用する証拠には、次のようなものがあるので、参考にしてください。

- 情報セキュリティ対策の実施状況に関わる文書（監査対象部門が作成したもの、第三者が作成したもの）
- システムへのアクセスログ
- 監視カメラの映像
- 入退館システムの入退館記録、入退館記録簿
- 情報セキュリティ教育の受講記録
- USBメモリなどの記録媒体の管理簿（貸出簿）
- 情報資産管理台帳
- 各種規程、マニュアル
- 契約書
- 外部委託先からの業務報告書
- ペネトレーションテストの報告書
- 情報機器の棚卸リスト
- 各種会議の議事録
- その他

◆ 口頭説明は大変

　情報セキュリティ対策の実施状況について、口頭でいくら上手に説明しても監査人を納得させるのは難しいことです。

　そこで、監査を受ける側は、会議の状況を議事録として残したり、アクセスログをチェックした記録を残したりするように心がけるとよいでしょう。

　なぜなら、監査人に対して1時間かけて口頭で説明して納得されなくても、印鑑を押印した資料を見せれば即座に納得してくれるためです。

◆ 記録を残す習慣づけが重要

　情報セキュリティ対策の実施状況がわかるように、日ごろから記録を残す習慣づけをしましょう。例えば、情報セキュリティの教育を実施したら、参加者名簿を作成し、出席欄に署名させるとともに教育に使用した資料を保管しておきます。またアクセス権の棚卸を実施したら、アクセス権を誰がどのように、いつチェックしたかという記録を残します。

　このように記録を残す習慣づけをしておけば、情報セキュリティ監査のときに楽に対応することができます。

7-8 J-SOXとの関係

J-SOXは財務情報の信頼性、情報セキュリティ監査はセキュリティの3要素をチェック

◆ J-SOXとは？

いわゆるJ-SOXとは、「日本版SOX法」とも呼ばれ、情報開示（ディスクロージャー）の信頼性を確保するために、企業の内部統制の充実を図るべきとの視点から、金融商品取引法等において規定された内部統制整備の制度を言います。

そして、このJ-SOXは、金融商品取引法で上場会社に求められている内部統制の有効性評価において、ITに関するコントロール、すなわち**IT統制**の有効性を評価することを求めています。IT統制では、**IT全社統制**、**IT全般統制**、**IT業務処理統制**の3つに区分されています。

上場会社においては、財務報告の信頼性を確保するための内部統制（管理する仕組み・プロセスのこと）が整備され運用されているかどうかを経営者が判断しなければなりません。

また、内部統制においては、ITが重要な役割を果たしているので、IT統制が整備され運用されているかどうかも点検・評価しなければなりません。このIT統制においては、情報セキュリティに関係する統制（コントロール）が数多く含まれていますので、情報セキュリティ監査と重複する部分が少なくありません。

◆ 3つのIT統制

IT統制には、上記したように3つの統制がありますが、その内容は、次のとおりです。

(1) **IT全社統制**

　ITに関する方針、計画、IT部門の設置など、会社全体としてITを統制するための仕組みやプロセスを構築することです。

(2) **IT全般統制**

　会計システム、販売情報システムなどのアプリケーションシステムが稼働しているIT基盤を適切に構築するための仕組みやプロセスなどの統制のことです。例えば、ウェブシステム、クライアントサーバシステム、メインフレームといったIT基盤ごとに、アクセス管理、変更管理、障害管理などを行なう手続などが含まれます。

(3) **IT業務処理統制**

　販売業務など財務報告に関係する業務（簡単に言えば会計処理につながる業務）のプロセスにおいて、計上する金額・年月日・勘定科目などの正確性を確保するために行なわれるシステムによるデータチェックなどの統制のことです。例えば、請求金額のシステム計算などの自動計算も含まれます。

◆ J-SOXと情報セキュリティ監査の違い

　J-SOXでは、財務データの正確性を阻害するリスクを低減するためにデータチェックなどのコントロールを行なうことが重要となります。情報セキュリティの3要素で考えると、インテグリティ（完全性）を確保するためのコントロールが中心になります。一方、情報セキュリティの残りの2つの要素である可用性および機密性の確保は、財務報告の信頼性とは直接関係しないと考えられますので、IT統制（J-SOX）における必要性はさほど高くないと言えます。

　情報セキュリティ監査では、インテグリティに加えて機密性や可用性の確保についても監査される点に注意しなければなりません。

　また、J-SOXでは、財務情報に関係する情報システムが対象となるので、ウェブサイトやイントラネットなどの財務情報に関係しない情報システム

は対象外となります。しかし、情報セキュリティ監査では、すべての情報システムが対象になっている点に注意する必要があります。

◆ J-SOXと情報セキュリティ監査の共通点

　J-SOXと情報セキュリティ監査で共通する部分は、インテグリティの確保に関係する部分です。例えば、インテグリティは、完全性や保全性、首尾一貫性などと訳されますが、入力したデータが出力に至るまで首尾一貫して整合性が保たれて正確に処理されることを意味します。

　したがって、J-SOXでも情報セキュリティ監査でも、システムによる入力時のデータチェックやシステム間のデータ連携時のデータチェックなどが重要なポイントとして見られます。

　さらに、データが改ざんされないようにするためのアクセスコントロールも重要で、入力権限と承認権限を分離するなどのいわゆる「職務の分離」が適切に行なわれるようにアクセス権限の付与も行なわなければいけません。この点についても、J-SOX、情報セキュリティ監査の双方で監査されることになります。

7-9 個人情報保護監査との関係

個人情報を対象とするか、すべての情報を対象とするか？

◆ 個人情報保護監査の目的

　個人情報保護監査では、個人情報保護法で定められた事項が適切に遵守されているかどうかを点検・評価します。個人情報保護法では、利用目的の通知・公表、目的内での利用、安全管理措置などが求められていますので、個人情報が不正に収集、利用、提供されないように個人情報が取り扱われているかどうかを確かめることが個人情報保護監査の目的と言えます。
　個人情報保護監査では、個人情報保護委員会や各府省庁が定めた個人情報保護ガイドラインなどが参照され、これらのガイドラインに基づいて監査項目が決定されます。

◆ 個人情報保護監査と情報セキュリティ監査の違い

　個人情報保護監査では、個人情報が対象になりますが、情報セキュリティ監査ではすべての情報が対象になりますので、情報セキュリティ監査のほうが対象とする情報が広いと言えます。
　また、個人情報保護監査では、情報セキュリティの3つの要素の視点とは異なり、利用目的の通知・公表、目的内での利用というように情報の取得や利用の適切性について監査が行なわれます。さらに、個人情報保護監査では、個人情報が法令やガイドラインに従って適切に取り扱われているかどうかを監査します。
　これに対して、情報セキュリティ監査では、機密性、可用性、インテグリティのすべての視点から監査が行なわれるので、コンプライアンスの視点から監査項目を整理しているわけではありません。もちろん、情報セキ

ュリティ監査でもコンプライアンスは考慮されますので、法令やガイドラインなどをまったく考慮しないわけではありません。

◆ 個人情報保護監査と情報セキュリティ監査の共通点

　個人情報保護監査では、個人情報の安全管理措置を点検・評価します。安全管理措置は、個人情報を適切に保護するための措置のことで、例えば、不正アクセスや情報漏えいなどを防止する対策を策定して実施します。個人情報のバックアップも安全管理措置に含まれます。

　こうした安全管理措置は、個人情報の機密性、可用性、インテグリティを確保するためのものと捉えることができます。よって、情報セキュリティ監査と個人情報保護監査の共通点は、安全管理措置の部分だと言えます。

主要参考文献

- 経済産業省「コンピュータウイルス対策基準」2000年12月28日（通商産業省告示第952号、最終改定）
- 経済産業省「情報セキュリティ監査基準」（2003年経済産業省告示第114号）
- 経済産業省「事業継続計画策定ガイドライン」2005年3月
- 経済産業省「情報セキュリティ管理基準（平成20年改正版）」（2008年経済産業省告示第246号）
- 経済産業省「情報セキュリティ監査手続ガイドライン」2009年7月
- 経済産業省「クラウドサービスレベルのチェックリスト」2010年8月16日
- 経済産業省『情報セキュリティ管理基準（平成28年改正版）』（2016年経済産業省告示第37号）
- 経済産業省・独立行政法人情報処理推進機構「サイバーセキュリティ経営ガイドライン」2015年12月28日
- 独立行政法人情報処理推進機構「『高度標的型攻撃』対策に向けたシステム設計ガイド」2014年9月
- 独立行政法人情報処理推進機構『情報セキュリティ10大脅威 2016』2016年3月
- 独立行政法人情報処理推進機構「情報セキュリティ対策ベンチマークver.4.5」2016年10月27日（2016年11月4日更新）
- 独立行政法人情報処理推進機構「コンピュータウイルス・不正アクセスの届出状況および相談状況［2016年第4四半期（10月～12月）］」2017年1月26日
- 独立行政法人情報処理推進機構 セキュリティセンター「パソコンユーザのためのウイルス対策7箇条（リニューアル版）」（2008年2月7日更新）
- 独立行政法人情報処理推進機構 セキュリティセンター「脆弱性検査と脆弱性対策に関するレポート～組織で提供するソフトウェアの検査と組織内のシステムの点検のための脆弱性検査を～」2013年8月8日
- 島田裕次「IT統制の概念と実務上の課題」『第2回情報システム学会研究発表大会予稿集』2006年12月2日（https://www.issj.net/conf/issj2006/paper/itg.htm）
- 島田裕次『リスク図による情報セキュリティ監査の実践』同文舘出版、2006年
- 島田裕次『よくわかるシステム監査の実務解説』同文舘出版、2012年
- 総務省「地方公共団体における情報セキュリティポリシーに関するガイドライン（平成27年3月版）」（2015年3月27日一部改定）
- 日本年金機構不正アクセスによる情報流出事案に関する調査委員会「不正アクセスによる情報流出事案に関する調査結果報告」2015年8月20日

島田裕次（しまだ　ゆうじ）
東洋大学総合情報学部教授、博士(工学)。公認情報セキュリティマネージャー（CISM）、公認情報システム監査人(CISA)、公認内部監査人(CIA)、システム監査技術者(経済産業省)、情報処理技術者試験委員。1979年早稲田大学政治経済学部卒業。同年、東京ガス株式会社に入社。同社システムセンター（システム開発、企画)、本社経理部、情報通信部(システム総務)、監査部マネジャーなどを経て2009年から現職。著書に『よくわかるシステム監査の実務解説』『リスク図による情報セキュリティ監査の実践』(以上、同文舘出版)、『情報セキュリティ・個人情報保護のための内部監査の実務(編著)』『ISO27001規格要求事項の解説とその実務(共著)』（以上、日科技連出版社)、『情報倫理』（共著、有斐閣)などがある。

この1冊ですべてわかる
情報セキュリティの基本

2017年3月20日　初版発行

著　者　島田裕次　©Y.Shimada 2017
発行者　吉田啓二
発行所　株式会社 日本実業出版社　東京都新宿区市谷本村町3-29 〒162-0845
　　　　　　　　　　　　　　　　　大阪市北区西天満6-8-1 〒530-0047
　　　　編集部　☎03-3268-5651
　　　　営業部　☎03-3268-5161　振　替　00170-1-25349
　　　　http://www.njg.co.jp/

印刷・製本／三晃印刷

この本の内容についてのお問合せは、書面かFAX（03-3268-0832）にてお願い致します。
落丁・乱丁本は、送料小社負担にて、お取り替え致します。

ISBN 978-4-534-05484-5　Printed in JAPAN

日本実業出版社の本

この1冊ですべてわかる
コーポレートガバナンスの基本

手塚貞治 編著
定価 本体 2000円（税別）

ステークホルダーとの関係性を踏まえ、企業防衛や不祥事対応などの守りと企業価値を高める攻めの両面からコーポレートガバナンスを解説。経営者、幹部、担当者必携の1冊です。

マイナンバー制度の従業員教育とリスク管理がわかる本

社会保険労務士法人 名南経営
定価 本体 1600円（税別）

「情報漏えいを防ぐデータ管理」と、そのために絶対に必要になる「従業員教育の進め方」など、マイナンバーに関する実務を解説。各種規程や案内文の最新モデルも多数紹介します。

49のトラブルから学ぶプロジェクト管理術
なぜ、システム開発は必ずモメるのか？

細川義洋
定価 本体 2000円（税別）

エンジニアと企業のIT担当者向けに、システム開発上で起きる重大なトラブルの解決法と事前対策をストーリー形式で解説。いますぐ使えるチェックリストや参考資料も満載です。

最新　業界の常識
よくわかる情報システム&IT業界

新井 進
定価 本体 1400円（税別）

情報システム＆ＩＴ業界の歴史から最新動向までを網羅するロングセラーの全面刷新版。プログラマやプロジェクトマネジャなどの仕事、業界のキャリアパスや資格も紹介します。

定価変更の場合はご了承ください。